HISTOIRE

DE

DON PABLO DE SÉGOVIE

Tous droits réservés.

E. PICARD.

ÉVREUX, IMPRIMERIE DE CHARLES HÉRISSEY.

HISTOIRE

DE

DON PABLO DE SÉGOVIE

PAR

DON FRANCISCO DE QUEVEDO-VILLEGAS

Traduite de l'espagnol (1596) et annotée

PAR

GERMOND DE LAVIGNE

De l'Académie espagnole

NOUVELLE ÉDITION ENTIÈREMENT REVUE ET COMPLÉTÉE

PARIS

ALPHONSE LEMERRE, ÉDITEUR

27, PASSAGE CHOISEUL, 31

—

M DCCC LXXVII

PREFACE

Ces histoires de joyeux garçons, coureurs d'aventures, fripons, gourmands, insolents et poltrons, qu'on a nommées « les romans picaresques », tiennent une place importante dans la vieille littérature espagnole.

Nous en connaissons une partie par les traductions très-fantaisistes de Lesage ; nous avons une idée plus ou moins exacte de quelques autres qui ont fourni leur part à ce charmant livre, *Gil-Blas*, où l'auteur de *Turcaret* s'amusa à peindre la société de son temps et les originaux de son pays en les costumant à la manière espagnole.

Les picaresques datent tous de la grande époque littéraire de l'Espagne. Il semble que chacun de ces écrivains dont les noms nous sont arrivés illustres se soit fait une gloire de donner un enfant à cette joyeuse famille.

Le premier, en 1535, fut *Lazarille de Tormes*, qui eut pour auteur Don Diego Hurtado de Mendoza ; puis vint, en 1596, le *Tacaño*, de Quevedo ; en 1599, le *Guzman d'Alfarache*, de Mateo Aleman ; en 1608, la *Picara Justina*, puis *Don Querubin de la Ronda*, de Lopez de Ubeda ; en 1618, *el Escudero Marcos de Obregon*, de Vicente Espinel ; en 1634, la *Garduña de Sevilla*, de Solorzano, l'un des plus féconds *novelistas* de ce temps ; en 1641, le *Diablo cojuelo*, de Velez de Guevara ; en 1646, *Estevanillo Gonzalès;* et parmi eux, un charmant épisode de Cervantes, resté interrompu, *Rinconete y Cortadillo.*

C'est du deuxième de ces romans, le premier assurément par l'importance et par l'originalité, que j'ai entrepris de donner une traduction fidèle. Quevedo l'avait intitulé : *Historia del buscon llamado don Pablos* (Histoire d'un coquin nommé don Pablos) ; les éditeurs de la quatrième édition, en 1648, l'appelèrent le *Gran Tacaño* (le Grand Vaurien) ; le titre de *Don Pablo de Ségovie* le place plus nettement avec ses semblables, avec Gil-Blas de Santillane, Guzman d'Alfarache et Don Cherubin de la Ronda.

Don Francisco de Quevedo Villegas, l'auteur de ce joyeux ouvrage, fut l'un des trois grands génies du beau siècle littéraire de l'Espagne : il ne comptait pour rivaux que Cervantes et Calderon. Le savant Juste Lipse l'appelait *magnum decus Hispanorum;* Lope de Vega le proclamait « le miracle de la nature, l'ornement du siècle, le premier des poëtes, le plus docte des savants, et le prince des lyriques à défaut d'Apollon. »

Cet homme de génie méritait à juste titre les éloges que lui décernait l'ardente amitié de Lope de Vega, et ses œuvres nombreuses, autant que le témoignage unanime de tous ses contemporains, nous attestent que Quevedo, le plus impétueux et le plus original des écrivains espagnols, fut satirique comme Juvénal, moral comme Sénèque, historien comme Tacite, aussi spirituel que Cervantes, joyeux et plaisant comme nul ne le fut.

Quevedo, en effet, aborda tous les genres ; il fut poëte, et ses poésies sont nombreuses autant que célèbres; il écrivit pour l'histoire une *Vie de Marcus Brutus*, qui est restée comme modèle de style sévère et concis; ses œuvres philosophiques et ascétiques sont dignes des Pères de l'Eglise; c'est à la fois la douceur angélique de sainte Thérèse et la puissante argumentation d'une démonstration mathématique; enfin il a traité le genre comique et facétieux, la satire, la plaisanterie, avec une verve, un abandon, une originalité dont nul après lui n'a su approcher. C'est par là surtout que Quevedo est resté populaire en Espagne; car tel est le sort commun : les grandes choses, les écrits sérieux, les études profondes n'obtiennent le suffrage que du petit nombre, des littérateurs et des savants; et par des œuvres légères dont l'esprit seul a fait les frais, on émeut les masses, on obtient accès dans tous les entendements, on se popularise en un mot.

Aussi, des œuvres réellement remarquables de Quevedo, la *Vie de Marcus Brutus*, le *Berceau et la Tombe*, l'*Introduction à la vie dévote*, la *Vertu militante*, il en est peu qui soient lues aujourd'hui, même par les hommes instruits; et dans toute l'Espagne on citera sans cesse le *Songe des têtes de mort*, les *Lettres du chevalier de l'Épargne*, le *Conte des contes*, la *Satire sur la descente d'Orphée aux enfers*, les *Poésies burlesques* et la *Vie du Gran Tacaño*.

Il est au milieu de tout cela un problème que n'a cherché à résoudre aucun des commentateurs ou des biographes de Quevedo, et dont la solution est cependant facile : c'est que, profond penseur, philosophe austère, écrivain sublime et pur, comme il l'a été dans toutes ses œuvres morales ou politiques, il ait pu, en même temps, devenir, dans ses œuvres burlesques, obscur, inculte, et souvent de mauvais goût.

Au milieu des saillies les plus inattendues, des pensées les plus originales et les plus spirituelles, on rencontre une foule d'idées incohérentes, d'expressions malsonnantes, et sales plutôt encore qu'obscènes.

Ces défauts, imperfections nécessaires d'un grand génie, qui abondent dans les œuvres facétieuses de Quevedo, et qu'il sait racheter chaque fois par l'originalité même de ses saillies, sont moins nombreux dans le *Tacaño*. On peut reconnaître que trouvant, dans cette série d'aventures d'un vaurien, l'application d'une idée philosophique, il a voulu imposer encore quelque frein à ce flot de mauvaises pensées que repoussaient ses travaux sérieux et qu'il lui fallait à tout prix déposer quelque part.

On peut en trouver une meilleure raison dans l'âge auquel, selon le calcul que je ferai plus loin, il y a lieu de croire que Quevedo fit son livre. Ce n'est encore, en effet, qu'une philosophie qui s'essaye; on reconnaît en plusieurs endroits la touche d'un jeune homme, de l'enfantillage; puis une certaine timidité dans l'emploi d'expressions peu licites qui, plus tard, dans les *Visions*, par exemple, c'est-à-dire à un âge plus avancé de l'auteur, arrivent en abondance et quelquefois avec un véritable dévergondage.

Cependant, quoique l'œuvre d'un jeune homme, le *Tacaño* dénote déjà une grande finesse d'observation; c'est le jeu d'un homme de talent qui prélude à des études sérieuses par une œuvre d'imagination et d'esprit. Il est, comme *Guzman* et ses frères, mais à meilleur titre qu'eux tous, une critique amusante de tous les abus, de tous les défauts, de tous les ridicules de ce temps. Dans sa course vagabonde à travers l'Espagne, de Ségovie à Alcala, d'Alcala à Madrid, à Tolède, à Séville, Pablo l'aventurier rencontre sur son chemin une foule d'originaux dont il nous dit l'histoire, les vertus, les vices, avec une verve des plus enjouées, avec une foule de mots piquants, de comparaisons plaisantes dignes de notre Rabelais et que nous retrouvons dans Scarron. Ici c'est un poëte, seigneur de huit cent mille strophes; plus loin, un avare, prototype de misère, un maître d'école dont le docteur Canizarès de *Guzman d'Alfarache* n'est qu'une mauvaise copie; là c'est un *hidalgo* gonflé de vanité, noble comme le roi, mais pauvre comme un gueux; un vieux soldat parlant des guerres de Flandre aux gens qui viennent de Chine, et de la Chine à ceux qui arrivent de Flandre; un ermite licencieux et fripon; plus loin, dix spadassins, tous plus ridicules les uns que les autres, mal vêtus, mal coiffés, marchant le nez au vent, la rapière relevée, les moustaches menaçantes; puis des chevaliers d'industrie, des mendiants, des filous, des pages, des vieilles femmes, messagères d'amour, des nonnes, un bourreau, de beaux cavaliers, de belles dames, et des histrions dignes de ces premières troupes dont Lope de Rueda fut l'auteur. Tout cela peut s'appeler à bon droit la *Comédie espagnole*, la comédie aux cent actes divers; c'est une galerie des portraits les plus vrais; c'est le chef-d'œuvre du style facétieux; c'est un feu roulant d'idées extravagantes, de mots burlesques, de traits inattendus; c'est, surtout, une histoire intime des mœurs de nos voisins aux seizième et dix-septième siècles.

Notre héros, Pablo, le grand vaurien, passe au milieu de tout cela, essayant de tous les métiers, se moquant de tout, mendiant un jour, semant l'or le lendemain, malheureux presque toujours, mais malheureux en plaisantant, en riant et en faisant rire.

>   .....Jam trepidas frigore, jamque cales.
>   Jura doces, suprema petis, medicamina curas,
>   Dulcibus et nugis seria mixta doces.
>   Dum carpisque alios, alios virtutibus auges,
>   Consulis ipse omnes, consulis ipse tibi....
>   Et modo divitiis plenus, modo paupere cultu,
>   Tristibus et miseris dulce solamen ades.
>   —Sic speciem humanæ vitæ, sic præfero solus,
>   Prospera complectens, aspera cuncta ferens.....
>   . . . .
>   Me lege disertum, tuque disertus eris [1].

Tout en donnant du champ à sa plume et du jeu à son imagination, Quevedo suit son héros pas à pas, et le conduit ainsi jusqu'à la preuve de cette vérité morale et philosophique : que l'homme de basse extraction, nourri de mauvais exemples, et trop faible, trop insouciant pour s'amender d'une manière sérieuse, ne peut jamais atteindre un but heureux; qu'il doit nécessairement voir échapper tout ce qu'il désire, tout ce qu'il espère, et que, « pour améliorer son sort, il ne suffit pas de changer de lieu, il faut aussi changer de conduite et de principes. »

Je n'ai trouvé chez aucun biographe des documents certains sur l'époque précise à laquelle le *Tacaño* fut écrit; mais je crois pouvoir me servir, pour remplir cette lacune, d'un fait historique auquel il est fait allusion dans le chapitre VI.

Antonio Perez, premier secrétaire d'Etat du roi Philippe II, gravement compromis, dès 1578, dans un procès intenté par l'Inquisition à Escovedo, secrétaire de don Juan d'Autriche, fut arrêté, mis à la tor-

---

1. VICENTE ESPINEL, Épigramme à Guzman d'Alfarache.

ture, et retenu pendant plusieurs années dans les cachots du saint office. Il parvint à s'échapper, en 1590, se réfugia en Aragon et plus tard en France, pendant qu'on le condamnait comme contumax et qu'on l'exécutait en effigie en 1592.

L'Inquisition le poursuivit même au delà des Pyrénées ; quelques séides tentèrent de l'assassiner soit à Paris, soit à Londres ; puis enfin, Henri IV l'ayant pris ouvertement sous sa protection, les persécutions cessèrent, et il mourut de mort naturelle en 1611, à Paris.

Le héros du roman de Quevedo était à Alcala au moment où l'Inquisition, craignant quelque tentative d'Antonio Perez ou de ses amis, le faisait poursuivre jusqu'à la cour de France, et recherchait partout ses prétendus émissaires, c'est-à-dire de 1593 à 1597.

Ce fait a, dans l'histoire de Pablo, si peu d'importance, que si le nom d'Antonio Perez s'y trouve cité, ce ne peut être que pour cause d'*actualité*. Quevedo a parlé d'Antonio Perez parce qu'il était à la mode ; et s'il eût fait son livre en 1600, alors que l'ancien ministre de Philippe II vivait oublié à Paris, il n'en eût pas dit un mot.

On ne pourrait faire ici qu'une objection, c'est la grande jeunesse de Quevedo à l'époque que j'indique ; il était né, en effet, en 1580. Mais l'abbé don Pablo Antonio de Tarsia, l'historien de cet écrivain célèbre, nous apprend qu'avant quinze ans (1594) il était déjà gradué en théologie à l'université d'Alcala. A vingt ans il savait le latin, le grec, l'hébreu, l'arabe, le français, l'italien ; il avait obtenu tous ses degrés dans les lettres sacrées et profanes, en droit civil et canon et en sciences naturelles ; c'est en 1605, lorsqu'il n'avait que vingt-cinq ans, que le savant Juste Lipse, dans une lettre datée de Louvain, le 20 janvier, l'appelait déjà *magnum decus Hispanorum*.

Tout cela me semble établir que le jeune âge de Quevedo ne peut être mis en cause ; et s'il avait à vingt ans autant de science et autant de génie, il pouvait bien, avant cet âge, faire l'essai de cette verve originale à laquelle il doit une si grande célébrité, de cet esprit d'observation et de philosophie qui ont dicté tant d'écrits admirables.

D'un autre côté, il règne sur toute l'œuvre de Quevedo une teinte réellement juvénile. Les détails du séjour de Pablo à Alcala sont de nature à prouver que l'auteur n'avait pas quitté depuis longtemps les bancs de l'Université. Pablo est écolier, moqueur, bruyant, malicieux avec tant de naturel, qu'un écolier seul peut raconter de la sorte. En amour, il montre tant de timidité, tant d'hésitation, qu'on est obligé de reconnaître chez l'écrivain autre chose que la délicatesse d'un homme du monde : c'est toute l'inexpérience de l'adolescent. Quevedo a prouvé bien des fois, dans ses diverses œuvres burlesques, que son parti était pris quant à la délicatesse, et qu'il ne craignait pas l'obscénité. Ici ce n'est pas de même : il est ce que sont les jeunes gens, un peu ordurier, mais nullement licencieux. Il ne sait pas encore ce que c'est qu'une bonne fortune ; Pablo n'en a pas, et Quevedo trouve plus facile de nous laisser croire que son héros a toujours été malheureux, que de nous confier des détails d'amours qu'il sait à peine par lui-même. En un mot, notre écrivain est inexpérimenté et craintif ; ce ne fut que plus tard, et quand les années l'eurent rendu moins scrupuleux, qu'il lâcha entièrement la bride à sa verve dévergondée.

Quevedo fait preuve d'un talent d'observation,

d'une finesse d'aperçus bien rares à cet âge ; mais on remarquera que les originaux des portraits qu'il peint avec tant d'habileté sont de ceux qu'un écolier rencontre à tout moment, dont il entend parler sans cesse. Il fait les portraits qu'on peut faire à son âge avec son génie ; mais il ne touche pas aux rangs plus élevés de la société espagnole ; ce qui prouve, non pas qu'il est hors d'état de la décrire, mais qu'il est trop jeune encore pour y avoir été introduit.

D'après ces indices, Quevedo devait avoir environ dix-sept ans lorsqu'il écrivit le *Tacaño*. La première édition fut donc imprimée vers 1596 ; Cervantes publia en 1605 la première partie du *Don Quichotte*.

C'est en 1641 que fut publiée à Paris, par le sieur de la Geneste, une première traduction des œuvres burlesques de Quevedo, comprenant six visions, l'AVENTURIER BUSCON et les *Lettres du chevalier de l'Epargne*. Peu d'années après, en 1647 et en 1653, parurent à Rouen de nouvelles éditions de l'œuvre de la Geneste. En même temps, un anonyme faisait imprimer à Lyon (1644), puis à Paris (1653), deux traductions dont je ne connais l'existence que par le savant bibliographe Nicolas Antonio. Plus tard enfin, à Bruxelles, en 1718, un Parisien nommé Raclots publia une nouvelle traduction du *Buscon* et des *Visions* de Quevedo, traduction qui n'est, à bien prendre, qu'une copie de celle de la Geneste, tout au plus assez modifiée pour n'être pas traitée de plagiat.

Malgré l'extrême faiblesse de ces diverses traductions, qui ne pouvaient, en aucune manière, donner aux lecteurs, nos compatriotes, une idée de toute la verve comique et de l'extrême originalité de Quevedo, les œuvres burlesques du célèbre écrivain obtinrent un grand succès; le *Buscon* surtout devint le livre à la mode, et certaine société de la Malice, dont les curieux statuts existent au cabinet des estampes de la Bibliothèque royale, et qui fut fondée, le 1ᵉʳ janvier 1734, par « très-aimable et très-digne dame madame Agrippine de la Bonté-même, » décida, d'un commun accord, que le *Buscon* figurerait en troisième ligne parmi les livres fondamentaux de sa bibliothèque ; c'est-à-dire après l'*Espiègle* et *Richard-sans-Peur*, avant *Guzman d'Alfarache* et *Gil-Blas*.

Pourquoi Lesage, qui a puisé à pleines mains dans la collection des picaresques, traduisant les uns, imitant les autres, demandant à tous des éléments pour son Gil-Blas, a-t-il laissé survivre les mauvaises éditions de la Geneste et de Raclots, et n'a-t-il pas traduit le *Tacaño* ? Une telle entreprise eût dû le tenter, et c'eût été, au profit des lecteurs du dix-huitième siècle, donner un nouvel éclat à ce roman si maltraité par ses traducteurs.

Lesage se contenta d'emprunter beaucoup à Quevedo. Ce qu'il aurait dû faire fut tenté par un anonyme qui publia à La Haye, en 1776, une traduction, la dernière que je connaisse. Elle comprend le *Tacaño*, les *Lettres du chevalier de l'Epargne*, et une lettre fort plaisante *sur les conditions du mariage*, dont on trouvera une partie dans le chapitre XIX de ce volume.

Cette traduction de la Haye est la meilleure de toutes celles que j'ai vues. Si elle n'est pas encore aussi rigoureusement exacte que l'exige l'œuvre de Quevedo, elle en approche du moins par une grande clarté et une connaissance complète de la langue et des mœurs espagnoles.

Le traducteur de la Haye s'est servi, pour son travail, d'une des éditions originales modernes ; c'est ce que semble indiquer le titre qu'il a pris. Il a dédaigné le titre de *Buscon* de la Geneste et de Raclots ; et traduisant littéralement le titre nouveau, il a nommé son livre : *le fin Matois, histoire du* GRAN TACAÑO, *ou du grand Taquin, autrement dit* BUSCON ; enfin il a pris pour épigraphe l'éternel *castigat ridendo mores* : aucune ne convient davantage aux œuvres joyeuses de Quevedo.

Si, dans ma première traduction du *Tacaño*, publiée en 1843, j'ai cédé à certaines hésitations qui me semblaient à peu près légitimes alors, si j'ai expurgé, en quelques endroits, le texte original et tenté d'en éviter les étranges hardiesses, ce fut une faute que je ne saurais commettre aujourd'hui. La nouvelle édition que je donne de cette traduction est rigoureusement fidèle ; je livre hardiment à mes lecteurs l'œuvre véritable de Quevedo.

J'avais aussi fait alors une concession à certaines exigences. Le *Tacaño* n'a pas été terminé. C'est le défaut cruel de presque tous les chefs-d'œuvre espagnols : Rojas n'a pas achevé la *Célestine ;* Mateo Aleman n'aurait pas continué *Guzman d'Alfarache* sans Lujan de Sayavedra ; Cervantes n'aurait pas terminé *Don Quichotte* sans Avellaneda. La Geneste a obéi à la tendance de tous les traducteurs en ajoutant deux chapitres à son *Aventurier Buscon*. J'avais accueilli ces chapitres dans ma première édition, uniquement pour qu'il y eût une fin aux aventures de Pablo ; je fais aujourd'hui justice de cette faiblesse, qui ne saurait ajouter aucun intérêt à ce volume, et qui lui donnerait le caractère d'une rapsodie.

Cependant j'ai apporté une modification à l'œuvre

originale, et je me plais à croire qu'elle ne me sera pas reprochée.

Le *Tacaño* n'a ni prologue ni épilogue; mais en relisant les œuvres de Quevedo, j'ai retrouvé deux charmants fragments qui précèdent et qui terminent une célèbre fantaisie philosophique et morale intitulée : *La Fortuna con seso, y la Hora de todos*.

Les Dieux s'ennuient dans l'Olympe. Fatigués de l'éternité, vieillis, blasés sur tout, abandonnés des humains, ils demandent des distractions, un spectacle, ils veulent essayer de se mêler une fois encore des affaires du monde. Ils descendent sur la terre ; la Fortune se charge de les amuser et de les faire assister incognito à quelques aventures des hommes.

Combien d'écrivains se sont escrimés avec cette charmante idée des Dieux travestis en habit de ville, s'essayant aux mœurs et au langage des générations modernes ! Je ne recherche pas si quelque auteur s'en est emparé avant Quevedo ; mais nul assurément ne l'a fait avec cette verve, cette originalité, cette hardiesse dans l'expression, cette extravagance dans les images.

Il m'a semblé faire œuvre louable et utile, œuvre d'archéologie littéraire si l'on veut, en recueillant ces deux fragments si peu connus et en leur donnant, au commencement et à la fin de l'histoire de Pablo de Ségovie, la place qu'ils occupent auprès de la *Fortuna con seso*.

L'histoire de don Pablo est, après tout, l'un des innombrables et véridiques épisodes du grand tableau de la vie humaine.

A. Germond de Lavigne,
de l'Académie espagnole.

Paris, janvier 1868.

PRÉFACE DE LA PREMIÈRE ÉDITION

Lettre de Charles Nodier au traducteur

Paris, janvier 1843.

MONSIEUR,

J'AI lu avec beaucoup d'intérêt et beaucoup de reconnoissance la Lettre que vous m'avez fait l'honneur de m'adresser, à l'occasion de votre nouvelle traduction de Quevedo. C'est un grand plaisir pour moi que de voir de jeunes talents s'essayer, par de fortes études, à lutter contre les difficultés d'une langue admirable, et s'approprier, de droit de conquête, ce qu'il y a de plus original dans ses tours, de plus caractéristique dans son esprit, de plus naïf dans son génie. J'avois éprouvé ce bonheur à la lecture de votre Célestine, et je dois déclarer ici que je suis de ceux qui n'ont pas répugné aux hardiesses un peu cyniques d'une version consciencieusement littérale. Le respect des mœurs a été la règle principale de ma vie littéraire, et je crois avoir manifesté cette religieuse pudeur de la parole dans le très-petit nombre de mes foibles écrits

*dont quelques personnes peuvent se souvenir
encore; mais je sais que tous les genres de
livres ne sont pas faits pour tous les genres
de lecteurs, et qu'un traducteur, par exemple, manqueroit essentiellement aux devoirs
d'exactitude et de fidélité qu'un ministère exigeant lui impose, en atténuant sous les nuances fardées d'une phraséologie prude ou coquette les couleurs crues, hardies et souvent
grossières de son texte. Ainsi, la* Célestine
*n'est certainement pas destinée à faire jamais
vartie de la* Bibliothèque des colléges *ou du*
Théâtre des jeunes personnes, *mais cet ouvrage
est un des monuments les plus importants de
la littérature moderne, et il n'est pas permis
de l'altérer. Les scrupules d'un langage timidement épuré sont aux licences ingénues
du moyen âge ce qu'est le badigeonnage aux
vieux édifices. L'abbé de Marsy n'est parvenu
qu'au ridicule en corrigeant Rabelais.*

Vous étiez plus à votre aise avec Quevedo,
*esprit leste et audacieux, mais exercé par une
éducation élevée aux bienséances d'un siècle
plus avancé en civilisation, comme on dit aujourd'hui.* Quevedo *n'a pas moins de dévergondage dans les idées et dans les mœurs que
l'auteur ou les auteurs de la* Célestine, *mais
il est un peu plus méticuleux dans l'expression, parce que l'époque où il écrit, et qu'il a
parfaitement appréciée, commence à se soumettre au respect des convenances. L'effronterie de son franc-parler ne va jamais jusqu'à*

*l'obscénité, ou n'y touche qu'avec réserve : il
a donc contribué de ses propres efforts à rendre votre traduction moins oseuse, et, par
conséquent, moins difficile ; mais quels autres
obstacles n'a-t-il pas opposés à votre courage
dans la lutte périlleuse que vous tentiez contre lui !* Quevedo, *que l'Espagne rapproche
trop de Cervantes, et que nous faisons descendre trop près de Scarron, est un écrivain
tout à fait à part. C'est un homme du monde
d'un génie* excentrique, *dédaigneux, narquois,
qui paroît merveilleusement organisé pour
l'observation, mais qu'un instinct particulier
à son caractère, et probablement développé
par ses habitudes, porte à n'envisager les personnes et les choses que sous le point de vue
grotesque. Son style, c'est lui-même, partout
évaporé, vagabond, entreprenant ; souvent
éblouissant de brillantes lueurs, de vives étincelles, de traits inattendus qui se traduisent
sous la plume ivre en folles hyperboles et en
burlesques fantaisies, saillies fougueuses et
désordonnées comme la verve qui s'allume ;
plus souvent encore, traînant, fatigué, presque lâche, vivant de redites au lieu d'inspirations, ne s'échauffant qu'aux dépens des souvenirs d'une gaieté qui s'use, et pâlissant peu
à peu comme la verve qui s'éteint. Voilà ce
qu'il falloit sentir ; voilà, chose bien autrement dangereuse à essayer, ce qu'il falloit
faire sentir au lecteur françois, pour lui
donner une idée complettement satisfaisante*

des œuvres facétieuses de Quevedo. (*Il est bien entendu entre nous que je ne parle pas des autres.*)

Pour réussir dans une pareille entreprise, il falloit autre chose qu'une étude approfondie de cette belle langue espagnole qui nous est si chère à tous deux. Il falloit se laisser entraîner à l'essor quelquefois extravagant de Quevedo, *et savoir voler de ses ailes. Mon amitié vous a longtemps suivi d'un œil inquiet dans ce voyage aventureux ; vous en êtes heureusement revenu avec tout le succès que vous pouviez en attendre, et je suis heureux d'être le premier à constater votre triomphe.*

CHARLES NODIER,
De l'Académie françoise

PROLOGUE

Jupiter, devenu de fiel, criait à s'égosiller : il injuriait la terre ; quant au ciel, cela ne prenait plus. Il fit un jour donner ordre aux dieux de venir en toute hâte au conseil.

En tête accourut Mars, le Don Quichotte des déités, avec ses armes, morion en tête, les insignes de garde champêtre et l'aspect fanfaron[1]. A son côté Bacchus, le glouton de céans, coiffé de pampres, le regard aviné[2], la bouche en pressoir barbouillée de marc, la parole bue[3], la démarche entortillée, et tout le cerveau en puissance de jus de raisin. Plus loin, les jambes dépareillées, clopait Saturne[4], le dieu croquemitaine et pétrivore, qui ne fit qu'une bouchée de ses enfants ; puis Neptune, le dieu humide, trempé comme une soupe, avec sa mâchoire de vieille pour sceptre, — c'est en langue vulgaire un trident, — vêtu d'algues et de varechs, sentant le vendredi et vigile, transformant en boue avec ses cascades les cendres de son collègue Pluton, le dieu donné à tous les diables. Pluton était fardé de suie et de résine, parfumé de soufre, de salpêtre, et ses vêtements étaient tellement sombres que tout l'éclat de son voisin ne pouvait y mettre un peu de jour[5]. Ce voisin c'était le Soleil, avec son visage de cuivre jaune et sa barbe d'oripeau ; la planète vermeille, l'astre errant, l'ami des barbiers et des guitaristes, le sertisseur et l'enfileur de jours, d'années et de siècles.

Quand Vénus accourut, les cercles et les colures s'é-

1. Voir les notes à la fin du volume.

cartèrent pour faire place à la roue de son vertugadin; ses jupons inondèrent les cinq zones. Pressée par les cris de Jupiter, elle ne s'était fardé que la moitié du visage, et le chignon qui lui encasquait la tête était à peine ajusté. Après elle venait la Lune, avec son visage en côte de melon, l'astre en monnaie rognée, la lumière au détail, la rodeuse de nuit, la haine des lanternes; puis, tumultueusement, le dieu Pan, à la tête de deux troupeaux de faunes et de satyres à peaux de chèvres et à jambes de bœufs. Le ciel était bouillonnant de Mânes, de Lémures, de Lares, de Pénates, et d'une foule de petites divinités.

Les dieux prirent place sur des siéges, les déesses s'accroupirent; tous portèrent leurs regards vers Jupiter avec une respectueuse attention.

Mars se leva avec un bruit de poêles et de casseroles et un air bravache : « Par ta figue, dit-il, ô grand Coesre qui foules aux pieds le firmament, ouvre cette bouche et jase; on croirait que tu roupilles. »

Jupiter, dont ce langage trop familier agaçait les oreilles, maniait convulsivement sa foudre, qui jetait des étincelles; or, on était en été : le monde rôtissait; il eût bien mieux valu que le maître des dieux se donnât de l'air avec un éventail. Faisant la grosse voix :

« Rengaînez, dit-il à Mars. Qu'on appelle Mercure!»

En moins que rien, celui-ci, avec sa baguette d'escamoteur, son bonnet en champignon garni d'ailes de pigeon, se plaça en voltigeant devant le maître.

« Dieu-flèche, lui dit Jupin, descends vers le monde, et amène ici la Fortune, la gardienne de ces nabots. »

Le brouillon de l'Olympe, chaussant deux ailerons en guise d'éperons, disparut si rapidement, sans être vu ni entendu, que partir et revenir ce fut tout un.

Il rentra comme un conducteur d'aveugle, guidant la Fortune qui, d'une main, tenait un bâton pour tâter son chemin, et de l'autre menait en laisse un petit chien. Elle avait pour chaussure une boule, sur laquelle elle se tenait de la pointe des pieds; cette boule servait de moyeu à une roue ornée de rubans, de tresses, de cordes, de cordons, qui, à chaque tour, se nouaient et se dénouaient. Derrière la Fortune venait, en manière de suivante, l'Occasion, une vraie Galicienne, visage gothique, tête sans chignon, crâne chauve comme un miroir; au sommet du front une mèche unique de laquelle on aurait pu faire une moustache. Cette mèche glissait à la main comme une anguille; elle s'agitait et s'éparpillait au souffle des paroles: on voyait qu'elle avait pour rôle de contrarier et de déranger les arrangements de la Fortune.

En voyant celle-ci, les dieux firent mine de mauvaise humeur, quelques-uns mêmes de dégoût, lorsque d'une voix lente et tremblotante elle dit: « Mes yeux sont à l'ombre, ma vue est à l'aveuglette, je ne puis donc savoir qui vous êtes, vous ici présents; soyez ce qu'il vous plaira, je m'adresse à vous tous et à toi surtout, Jupin, qui accompagnes les grondements de tes nuages des quintes de ton asthme. Dis-moi quelle fantaisie te prend de me faire appeler, lorsqu'il y a tant de siècles que tu m'oublies? Tu ne te souviens plus sans doute, ni toi ni cette cohue de petits dieux qui t'entoure, que je me suis jouée de toi et d'eux comme des humains? »

Le tout-puissant Jupiter se hâta de répondre:

« Ecoute-moi, ivrognesse, lui dit-il; tes folies, tes caprices et tes méchancetés sont au comble. Tu as laissé croire à la gent mortelle, parce que nous ne te tenons pas sous la main, qu'il n'y a plus de dieux, que le ciel est vide, que je suis un dieu à peu près mort. Ils prétendent, en bas, que tu accordes aux délits ce qui est dû aux mérites; que tu donnes au péché les récompenses de la vertu; que tu élèves sur les tribunaux ceux que tu devrais hisser à la potence; que tu donnes les dignités à ceux dont tu devrais couper les oreilles; que tu appauvris ceux que tu devrais enrichir. »

La Fortune, suffoquée et pâle de colère:

« J'ai mon bon sens; je sais ce que je fais, répondit-elle; dans toutes mes actions mon pied ne perd pas la boule. Toi qui m'appelles inconsidérée et ivrognesse, souviens-toi que tu as fait le bec d'oie pour tenir conversation avec Léda; que tu t'es répandu en petite monnaie pour Danaé; que tu as beuglé comme un veau

pour Europe — *inde toro pater* — que tu as fait cer
mille autres folies, cent mille autres sottises ; qu
de tous ceux et celles qui t'entourent, il n'en est pa
un qui n'ait fait le geai, la pie, le corbeau, ou quelqu
autre sot oiseau pour quelque caprice. On ne dira pa
cela de moi. S'il y a en bas des gens méritants mis
l'écart, des gens vertueux sans récompense, toute
faute n'en est pas à moi ; à beaucoup j'offre ce dont i
sont dignes ; s'ils refusent, qu'y puis-je faire ? Les ur
ne se donnent pas la peine d'allonger la main pou
prendre ce que je leur destine ; les autres me l'arracher
sans que je le leur offre. Plus nombreux sont ceux qu
me font violence, que ceux que j'enrichis ; plus no
breux ceux qui me volent ce que je leur refuse, que ce
qui conservent ce qu'ils ont reçu de moi ; ils le laisse
perdre et disent que je le leur ai repris. Beauco
m'accusent du mal échu à d'autres, lorsqu'il aurait
pire pour eux. Il n'y a pas d'heureux sans l'envie
beaucoup, il n'y a pas de malheureux sans le mép
de tous. Voyez cette suivante, qui m'a servie de to
éternité : je n'ai jamais fait un pas sans elle ; son no
est l'Occasion ; écoutez-la, apprenez d'elle à avoir
sens commun. »

Dès qu'on lui lâchait le claquet, l'Occasion, pour
pas se perdre elle-même, se mit à dire tout aussitôt :

« Je suis femme, je m'offre à tous ; beaucoup
rencontrent, peu jouissent de moi. Je suis Samson
melle, ma force est dans mes cheveux. Qui sait s'acc
cher à ma mèche sait se défendre des cabrioles de
maîtresse. Je l'arrange, je l'éparpille, et parce que
hommes ne savent pas la saisir et en profiter, ils m'
cusent. La sottise a mis en usage parmi les hom
une foule de formules infernales : « Qui l'aur
dit ? je n'y pensais pas ; je n'ai pas songé à cela ;
ne savais pas ; c'est bon ; qu'importe ? cela se f
demain ; nous avons le temps ; l'occasion reviend
laisse-moi ; je m'entends ; je ne suis pas un im
cile ; je me passerai cela ; rions de tout ; n'en croy
rien ; cela me viendra à temps ; cela ne manquera p
Dieu y pourvoira ; il y a plus de jours que d'andouill

lorsqu'une porte se ferme, une autre s'ouvre; peu lui importe; c'est mon avis; ce n'est pas possible; ne me dites rien; je suis à bout; laissons aller le monde; qu'on dise ce qu'on voudra; tout me vient à point; nous verrons; sans doute; peut-être; et le « comme vous voudrez » des entêtés. Toutes ces niaiseries rendent les hommes présomptueux, paresseux, insouciants; c'est là la gelée sur laquelle je glisse, et qui fait dévier la roue de ma maîtresse. Si les imbéciles me laissent passer, où est ma faute d'avoir passé? S'ils mettent des embarras ou des fossés devant la roue de ma maîtresse, qu'ont-ils à se plaindre? Ils savent bien que c'est une roue, qu'elle monte, qu'elle descend; qu'elle descend pour monter et qu'elle monte pour descendre; pourquoi s'y laissent-ils entortiller? Le soleil s'est arrêté, la roue de la Fortune jamais. Celui-là qui est le plus sûr d'y avoir enfoncé un clou n'a fait autre chose que d'y ajouter un poids nouveau et d'en ralentir un peu le tourbillon; mais son mouvement n'en entraîne pas moins les félicités et les misères, comme celui du Temps entraîne la vie du monde et le monde lui-même peu à peu. Voilà la vérité, Jupiter; répondra qui voudra. »

La Fortune avait repris haleine, et, tout en se dandinant, tout en grimaçant comme une fouine : « L'Occasion, dit-elle, vous a prouvé l'injustice de l'accusation que vous portez contre moi. Néanmoins je veux bien chercher à vous être agréable, à toi, Maître suprême, et à tous ces autres qui t'accompagnent, les serviteurs de l'ambroisie et du nectar, bien que je sois encore votre maîtresse, comme je l'ai été, comme je le serai toujours, comme je le suis de la plus sale canaille du monde. Et j'espère bien voir bientôt votre divinité, morte de faim faute de victimes, et de froid faute d'un copeau sur l'autel aux sacrifices, ne servant plus qu'à amplifier des poëmes, à inspirer quelques couplets, quelques rimes amoureuses, devenue le point de mire des brocarts et des quolibets.

— Puisses-tu voir manquer tout ce que tu désires, dit Phœbus, puisque tu te joues si insolemment de notre pouvoir. Si j'en avais la permission, moi qui suis le Soleil, je te ferais frire, rôtir et rendre l'âme à force de canicules.

— Va-t'en dessécher les bourbiers, répondit la Fortune, va-t'en faire mûrir les concombres, va fournir les médecins de fièvres tierces, va façonner les ongles de ceux qui s'épouillent à tes rayons. Je t'ai vu garder les vaches et pourchasser une fillette qui ne t'en a pas moins mis à l'ombre, tout Soleil que tu es. Souviens-toi que tu es le père d'un brûlé ; couds-toi la bouche et laisse parler ceux qui s'y entendent.

— Fortune, prononça Jupiter avec sévérité, toi et cette drôlesse qui te sert, vous avez dit beaucoup de bonnes choses. En conséquence, et pour la satisfaction des humains, je décrète, d'une façon inviolable, qu'à un jour fixe, et pendant une heure déterminée, les hommes se trouveront tout à coup chacun avec ce qu'il mérite. J'ai dit, choisis l'heure et le jour.

— Pourquoi différer ce qui doit être ? reprit la Fortune ; va pour aujourd'hui ; quelle heure est-il ?

— Nous sommes aujourd'hui au 20 juin, dit le Soleil, prince des horlogers ; il est trois heures trois quarts et quatorze minutes du soir.

— Eh bien donc, répartit la Fortune, à quatre heures nous verrons ce qui se passera sur terre. »

Là-dessus elle se mit à graisser l'essieu de sa roue, à assujettir la manivelle et les clous, à débrouiller les cordons.

« Il est quatre heures, sonna Phébus. J'atteins en ce moment la quatrième ligne post-méridienne des cadrans solaires.

— Allons donc, fit la déesse avec un grand cri, *à chacun selon ses œuvres !* » Et elle lâcha sa roue, qui, lancée dans l'espace comme un ouragan, tomba sur le monde, le parcourut en tourbillonnant et y mit tout dans une effrayante confusion.

En ce moment un médecin, en quête de fièvres, passait sur sa mule, l'Heure le prit et le changea en bourreau. Un condamné venait, accompagné d'un alguazil, suivi d'un exécuteur qui le bâtonnait ; l'Heure sonna et mit l'alguazil sous le bâton en place du condamné.

Ainsi du reste. Par tout le monde ce ne fut, pendant toute cette heure, que parvenus renvoyés à leurs moutons ; jolies femmes retournant en détail chez le parfumeur, chez le coiffeur, chez la couturière, chez le marchand de couleurs, et restant à rien ; nobles d'emprunt désarmoriés ; palais bâtis par des fripons, démolis en un tour de main et rentrant pierre par pierre, meuble par meuble, chez leurs propriétaires véritables ; avocats devenus bègues ; apothicaires empoisonnés ; inquisiteurs brûlés vifs. Un tavernier fut mis à la question liquide avec du vin frelaté ; un cordonnier à la question du brodequin ; un avare fut enfermé dans un coffre-fort vide ; des tailleurs furent écorchés vifs et des bohémiens firent des tambours avec leur peau ; un alguazil, qui de sa vie n'avait empoigné personne, fut berné ; il fut remplacé par un procureur qui prétendait ne jamais prendre assez ; deux grands seigneurs qui se pavanaient dans un magnifique carrosse furent enlevés de leurs coussins moelleux et condamnés à décrotter ceux qu'ils avaient éclaboussés ; deux pauvres nègres qui passaient furent mis à leur place.

On vit un âne qui rendait à son maître les coups de bâton qu'il en avait reçus ; un homme que des oies faisaient danser pieds nus sur une plaque de tôle rougie au feu ; un autre que trois dindons engraissaient et engavaient comme ils avaient été engavés ; un barbier qu'on rasait avec un couteau ébréché ; un entrepreneur de mariages qui, forcé d'épouser une de ses clientes, se pendit de dépit ; un moine qui, condamné à la sobriété, aima mieux se laisser mourir de faim ; un familier du saint-office qui, n'ayant personne à dénoncer, se dénonça lui même.

Un gargotier fut réduit pour le reste de ses jours à vivre de vieux cuirs et d'eau salée ; un flatteur fut enfermé avec un sourd ; six parasites avec le gargotier ; une coquette avec un idiot. On condamna une médisante à élever des perroquets ; un avare à n'avoir jamais plus de deux réaux à la fois ; un ambitieux à tondre les mules ; un greffier à écrire en fin ; un voyageur à dire la vérité. Deux rois cédèrent leurs trônes à un nouvelliste qui n'avait injurié personne et à un médecin qui avait guéri tous ses malades.

On vit un pauvre aveugle à qui échurent des tableaux de prix ; il les échangea contre un bâton, une écuelle et un caniche ; les chevaux de selle d'un riche amateur échurent à un cul-de-jatte qui, n'en pouvant rien faire, les vendit et s'acheta une jatte et des béquillons neufs. On rencontra un homme parfaitement vertueux : on lui donna le harem du Grand-Turc afin de perpétuer sa race ; on découvrit un procureur intègre : ne sachant quelle récompense donner à un tel mérite, on le donna... pour exemple [6].

Un épisode, entre tous, attira l'attention de la divine assemblée. Dans les rues d'une ville d'Espagne, c'était Ségovie, la capitale de la Vieille Castille, un triste cortége défilait. En tête marchait un crieur public ; il s'arrêtait de temps à autre, déployait un papier et lisait une sentence. Un alguazil suivait ; il était monté sur un genet fourbu, drapé dans une cape trouée, et portait fièrement sa baguette blanche. A quelques pas en arrière, nu jusqu'à la ceinture, la tête couverte d'une capuche de laine, venait un pauvre diable qu'on menait pendre. Il était hissé sur un âne, les mains attachées sur la poitrine ; il paraissait jeune encore et fort peu affligé de se voir en si pénible extrémité. Le bourreau, qui le suivait pas à pas, et qui, de temps à autre, lui chassait les mouches des épaules à l'aide d'un fouet de cuir, était un homme de belle taille, mais vieilli avant l'âge. Son front était bas et sombre, son regard terne et méchant, ses lèvres pendantes, sa démarche avinée. C'était la brute chargée d'exécuter passivement les volontés de l'intelligente justice. On lui avait dit de pendre, il y allait ; de frapper, et il frappait.

Le peuple suivait en tumulte ; les enfants criaient au bourreau de frapper plus fort ; quelques vieilles femmes injuriaient le patient, lui jetaient des trognons de légumes et cherchaient à lui faire perdre un peu de sa sérénité.

On arriva de la sorte à la potence. Les alguazils firent ranger les curieux en cercle ; l'échelle fut dressée ; le patient sauta à bas de son âne ; on lui délia les mains ; il monta lentement, suivi du bourreau, et, arrivé sur la traverse, il s'y assit, prit la corde, en ajusta le nœud, et attendit.

C'est alors que sonna l'Heure, et, en un clin d'œil, comme par un coup de baguette, les rôles furent changés : le bourreau se trouva pendu à la place du patient, qui, debout sur le sommet de la potence, en costume d'exécuteur, regardait en pleurant son suppléant qui se débattait.

Cette scène inattendue émut vivement la divine assemblée. Cette étrange substitution de victimes, ces larmes du jeune homme au moment où il échappait au supplice, portèrent au comble la stupeur et la curiosité. Vulcain était béant comme au jour où il surprit Mars et Vénus ; Mars jurait ses grands dieux qu'il n'avait jamais rien vu de pareil, et offrait de se couper la gorge avec quiconque dirait le contraire ; Apollon promettait de faire un poëme là-dessus ; Bacchus ronflait ; Vénus, Junon, Minerve elle-même, avaient les yeux hors de tête, le cou tendu, les narines ouvertes, les lèvres pâles. La curiosité n'embellit pas. Pâris, ce jour-là, n'eût donné la pomme à aucune des trois.

La Fortune, accablée de questions, répondit qu'elle n'était pas au fait de l'aventure ; Jupiter, sollicité par tous, décida que Mercure irait incontinent faire une enquête.

Mercure disparut.

Tout aussitôt on vit un cavalier se faire jour à travers la foule d'un air d'autorité. Il était mis avec une grande élégance ; son haut-de-chausses et son pourpoint, relevés de crevés de satin blanc, étaient du velours le plus fin. Il était armé d'une longue rapière, et sa main gauche, appuyée sur la garde, en faisait relever la pointe vers le ciel. Il portait un collet à la grande mode, droit et empesé ; une chaîne d'or brillait sur sa poitrine, une boucle d'or retenait la plume de son chapeau ; sa moustache était des mieux cirées et des plus relevées ; ses longs éperons rendaient un son argentin. Il marcha en dandinant jusqu'au milieu du cercle formé par le peuple : arrivé là, il s'arrêta, se posa de l'air le plus spadassin du monde, le poing sur la hanche, la tête inclinée, et dirigea vers le ciel un sourire et un geste des plus insolents Sous son large chapeau, sa chevelure, en s'écartant, laissa paraître un bout d'aile de pigeon : tout l'Olympe reconnut Mercure et se laissa aller à un rire homérique.

Le messager des dieux s'approcha de la potence, d'où le nouveau bourreau descendait en pleurant de plus belle. Mercure lui frappa sur l'épaule, lui dit quelques mots à l'oreille, et tous deux, traversant de nouveau la foule que les alguazils dissipaient, s'engagèrent dans une rue déserte et sombre, au milieu de laquelle s'élevait une maison inhabitée. Ils frappèrent, la porte s'ouvrit, le bourreau passa le premier ; puis, Mercure ayant fait un signe, l'Olympe tout entier descendit.

Un instant après, dieux et déesses, vêtus en grands seigneurs et en grandes dames du temps, étaient assis en cercle dans la salle d'honneur de la maison inhabitée. Mercure attendait avec son compagnon dans une pièce voisine ; dès que tout le monde fut placé, remplissant les fonctions d'huissier introducteur, il ouvrit la porte à deux battants, prit par la main le jeune bourreau, auquel il recommanda de faire bonne contenance, et, le conduisant au milieu du cercle, il annonça à haute voix :

PABLO DE SÉGOVIE.

A ce nom, la Fortune se mit à rire.

« Je le connais, s'écria-t-elle, c'est un de mes...

— Silence, Madame, fit Jupin du ton d'un alcademayor. Jeune homme, soyez le bien-venu : vous satisferez la curiosité que vous avez excitée ; toute notre attention vous est acquise. »

Le jeune bourreau, revenu de son émotion, salua avec aisance, prit place sur le siége que Mercure lui avait avancé, soutint même avec assurance le regard persistant de Vénus ; puis, ayant un instant recueilli ses souvenirs, il toussa, et parla de la sorte :

DON PABLO DE SÉGOVIE

CHAPITRE PREMIER.

Dans lequel Pablo raconte ce qu'il est et d'où il vient.

SEIGNEURS, je suis de Ségovie ; mon père, originaire de la même ville — Dieu le retienne aux cieux, — se nommait Clément Pablo. Il était, selon l'expression vulgaire, barbier de son métier ; mais ses pensées étaient trop relevées pour qu'il se laissât nommer ainsi ; il se disait tondeur de joues et tailleur de barbes. C'était, dit-on, un homme d'un bon cep, et selon ce qu'il buvait c'était facile à croire[1].

Il eut pour femme Aldonza Saturne de Rebollo ; elle était fille d'Octave de Rebollo Codillo, et petite-fille de Lépide Ziuraconte. On la soupçonnait fort de ne pas être chrétienne de vieille date, et cependant, en raison des noms de ses père et mère, elle prétendait descendre en ligne droite des triumvirs romains. Elle était fort jolie et fort célèbre surtout, car tous les chansonniers d'Espagne s'exercèrent sur elle. A peine mariée, elle eut de grands

---

1. Voir les notes à la fin du volume.

chagrins, et même plus tard, parce que les mauvaises langues reprochaient à mon père d'être sans scrupule et d'aimer tout prendre sans avoir rien mis. On assurait que lorsqu'on venait chez lui pour se faire raser, et lorsqu'il tenait la figure de ses pratiques pour les savonner, un mien frère, âgé de sept ans, leur tirait la substance des poches tout à son aise. Le pauvre petit ange mourut de coups de bâton qu'on lui donna en prison. Mon père le regretta beaucoup, car il ravissait tout le monde. Pour ces enfantillages et pour d'autres, mon père fut pris; toutefois il sortit de prison tout à son honneur, et avec un cortége de plus de deux cents cardinaux, mais qui n'étaient pas des monseigneurs. On dit que les dames se mirent aux fenêtres pour le voir passer, et de fait il avait bonne mine à pied comme à cheval. Je ne dis pas cela par vanité, car on sait combien j'en ai peu [2].

Une vieille qui m'éleva, faisant un jour l'éloge de ma mère, me disait que ses manières étaient tellement gracieuses, qu'elle ensorcelait tous ceux qui avaient affaire à elle. Cependant, à propos de je ne sais quelle petite histoire scandaleuse, peu s'en fallut qu'on ne la fît paraître en public avec un vêtement de plume [3]. On prétend qu'elle refaisait les demoiselles, qu'elle ressuscitait les cheveux et teignait ceux qui avaient blanchis. Les uns la nommaient pourvoyeuse de plaisirs, d'autres algébriste d'amour [4], et quelques-uns hardiment l'appelaient maquerelle. Mais il faut voir avec quel air souriant elle écoutait tout cela. Elle n'en était que plus séduisante.

Elle s'imposait une pénitence sévère. Sa chambre, où seule elle entrait, — et moi quelquefois, car j'en avais la permission quand j'étais petit, — était entourée de têtes de mort ; elle disait que c'était pour ne pas perdre le souvenir de notre fin dernière, et certains, par méchanceté, affirmaient que c'était pour entortiller les vivants. Son lit était porté par des cordes de pendus, et elle me disait quelquefois, à ce propos : « Vois-tu ? c'est à l'aide de cet exemple que je donne des conseils à ceux à qui je veux du bien ; je leur dis que, pour se garantir d'un collier de cette espèce, ils doivent vivre sans cesse *la barbe sur l'épaule*[5], se conduire avec une prudence excessive et ne pas laisser le plus petit indice pour donner prise sur eux. »

Il y eut un grand désaccord entre mes parents pour savoir duquel des deux je suivrais l'état. Je m'étais senti dès l'enfance des idées de gentilhomme, et ni l'un ni l'autre métier ne me séduisit. « — Mon enfant, disait mon père, l'état de voleur n'est pas un art mécanique, c'est une profession libérale ; » puis il ajoutait, en soupirant : « Sais-tu pourquoi les alguazils et les alcades nous aiment si peu ? Ils nous pourchassent, ils nous battent, ils nous pendent même sans s'enquérir si notre dernière heure est venue : » et le bon vieux pleurait comme un enfant en pensant au nombre de fois que ses côtes avaient été caressées. « Sais-tu pourquoi ? C'est qu'ils ne voudraient pas que là où ils sont il y eût d'autres voleurs qu'eux et leurs dévoués ; mais heureusement notre prudence nous garde de leurs griffes. Quand j'avais ton âge, je fréquentais surtout les églises, non pas cependant que je fusse bon chrétien. J'ai été pris plus d'une fois, les bourreaux m'ont mis de temps à autre sur le chevalet, et l'âne ne m'eût pas manqué si j'eusse avoué quelque chose[6] ; mais, grâce à Dieu, je n'ai jamais rien confessé, si ce n'est selon les principes de la sainte mère Église, et c'est en agissant de la sorte et à l'aide des profits de mon métier, que je suis parvenu à soutenir ta mère aussi honorablement que possible. — Comment ! s'écria celle-ci avec colère (elle était furieuse que je ne voulusse pas être sorcier), comment m'avez-vous soutenue ? N'est-ce pas moi qui vous ai fait vivre, moi qui vous ai tiré de prison par mon industrie, qui vous y ai entretenu d'argent ? Si vous ne confessiez rien, était-ce par courage, ou plutôt grâce aux philtres que je vous donnais ? Si je ne craignais qu'on ne nous entendît dans la rue, je vous rappellerais ce jour où j'entrai dans votre prison par la cheminée et où je vous fis sortir par le toit. »

Elle en eût dit bien davantage, tant elle était en colère, si, par les mouvements qu'elle se donnait, elle n'eût désenfilé son rosaire, une collection de dents de pauvres diables auxquels elle avait procuré la paix de l'autre monde.

Je dis à mes parents que je voulais positivement apprendre à être vertueux et cultiver mes bonnes dispositions ; que je les priais de me mettre à l'école, parce qu'on ne pouvait rien faire si on ne savait lire et écrire. Ils grognèrent un peu entre eux et finirent par approuver mes projets. Ma mère se mit à renfiler ses dents, et mon père s'en alla, ainsi qu'il nous le dit lui-même, couper à quelqu'un soit la barbe, soit la bourse. Je restai seul, remerciant Dieu de m'avoir donné des parents si habiles et si jaloux de mon bonheur.

CHAPITRE II.

Comment Pablo va à l'école et ce qui lui arrive.

Le lendemain, on m'avait acheté un abécédaire, et le magister était prévenu. J'allai donc à l'école ; le magister me reçut très-gracieusement, en me disant que j'avais la mine d'un garçon d'esprit et d'intelligence. Aussi, pour ne point le démentir, j'appris fort bien mes leçons. Le maître m'avait placé auprès de lui ; je gagnais des bons points presque tous les jours en venant le premier, et je m'en allais le dernier afin de faire quelques commissions pour madame, — c'était la femme du maître. — Mes gentillesses me gagnaient les bonnes grâces de tout le monde ; cela alla même trop loin, car les autres enfants devinrent jaloux de moi. Ceux à qui je ne parlais pas et qui m'en voulaient, prétextant que mon nom était trop court, me donnaient sans cesse des surnoms empruntés au métier de mes parents. Ainsi on m'appela Pablo du Rasoir et Pablo de la Ventouse. L'un prétendait qu'il ne m'aimait pas parce que ma mère avait, de nuit, sucé le sang à deux petites sœurs qu'il avait perdues. L'autre disait à qui voulait l'entendre que mon père allait dans les maisons pour en chasser les rats ; cela lui servait de prétexte pour appeler mon père chat, ce qui veut dire, en langage populaire, escroc et filou. D'autres alors, disant que j'étais le fils d'un chat, m'appelaient minet ou miaulaient quand je passais près d'eux. Un autre encore affirmait qu'il avait jeté des trognons de choux à ma mère un jour qu'on la promenait par la ville. En un mot, tous s'entendaient pour me ronger les talons[1] et m'abreuver d'amertume. J'y étais certes sensible, mais je dissimulais. Je supportai tout avec courage, jusqu'au jour où un gamin eut l'audace de m'appeler fils de putain et fils de sorcière.

S'il m'eût dit cela tout bas, je ne m'en serais pas fâché ; mais il le cria d'une manière si claire, que la colère me prit. Je ramassai une pierre et lui fendis la tête ; puis, courant vers ma mère, je lui contai l'aventure. « Tu as bien fait, me dit-elle : tu prouves bien qui tu es ; seulement tu aurais dû demander à ce gamin d'où il savait cela. — Ma mère, repris-je, les camarades qui étaient présents m'ont dit que j'avais tort de m'en offenser. Est-ce à cause du jeune âge de l'insolent ? » Je demandai encore à ma mère si j'aurais pu lui donner un démenti, ou bien si ma naissance était effectivement le fruit d'un pique-nique[2] ; enfin, si j'étais le fils de mon père. « Malepeste ! s'écria-t-elle en riant ; en sais-tu déjà tant ? Tu ne seras pas un sot ; tu es charmant, en vérité ; tu as bien fait de casser la tête à ce vaurien. De telles choses ne sont pas bonnes à dire, lors même qu'elles sont vraies. »

Je restai comme mort de honte à cette réponse. Je formai un instant le projet de m'emparer de tout ce que je pourrais et de quitter la maison de mon père ; mais je me contins ; mon père alla soigner le blessé, le guérit, le calma, et me renvoya à l'école, où le maître me reçut fort mal. Mais, dès qu'il eut appris la cause de la querelle, il me tint compte du sentiment qui m'avait fait agir, et me fit meilleure mine.

J'avais pour camarades plusieurs fils de gentilshommes, et entre autres celui de don Alonso Coronel de Zuniga ; j'étais son *copain*, c'est-à-dire que nous mettions en commun nos provisions de bouche. Don Diégo m'aimait véritablement ; il est vrai que je changeais de toupie avec lui quand la mienne était meilleure ; je lui donnais souvent des images, je lui apprenais à se battre, je jouais avec lui au taureau[a], enfin je l'amusais toujours. Aussi, très-souvent, les parents du jeune cavalier, voyant combien ma compagnie lui était agréable, faisaient demander aux miens de me laisser aller avec lui dîner, souper et quelquefois coucher.

Il nous arriva ainsi qu'un des premiers jours d'école après Noël, nous vîmes passer par la rue un homme nommé Ponce d'Aguirre, qu'on disait être conseiller. Le jeune don Diégo m'appela : « Ecoute, me dit-il, appelle-le Ponce-Pilate et sauve-toi. »

Moi, pour faire plaisir à mon ami, j'appelai le passant Ponce-Pilate. Il se mit tellement en colère, qu'il s'élança à ma poursuite, un couteau à la main, de sorte que je fus forcé de fuir et de me réfugier dans la maison du maître. L'homme entra après moi en vociférant ; le maître s'interposa, le pria de ne pas me tuer et lui promit de me châtier. En effet, à l'instant même, malgré les prières de sa femme qui s'intéressait à moi parce que je lui étais utile, il me fit mettre culotte bas, et, tout en me donnant le fouet, il me demandait à chaque coup : « Diras-tu encore Ponce-Pilate ? — Non, monsieur, lui répondis-je. — Diras-tu encore Ponce-Pilate ? — Non, monsieur, non, monsieur, » m'écriai-je à chaque reprise.

Dès cet instant, j'eus si grande peur de dire Ponce-Pilate, que le lendemain, lorsque le maître m'ordonna de réciter, selon l'usage, les prières aux autres écoliers, je m'arrêtai tout court en arrivant au *Credo*. Remarquez l'innocente malice : j'avais à dire : *il a souffert sous Ponce-Pilate ;* je me souvins que j'avais promis de ne plus dire Pilate, et je dis : il a souffert sous Ponce d'Aguirre. Le maître s'amusa tellement de ma simplicité et de la crainte qu'il m'avait inspirée, qu'il m'embrassa et me donna une exemption pour les deux premières fois que je mériterais le fouet. Je m'en allai fort content.

A quelque temps de là, vint le carnaval : le maître, voulant amuser ses écoliers, décida qu'on ferait un roi des coqs[4]. Il désigna douze d'entre nous ; nous tirâmes au sort, et le sort me nomma. J'en donnai avis à mes parents, afin qu'ils me procurassent un équipage convenable.

Le jour arrivé, je me mis en marche sur un cheval étique et fourbu, qui faisait des révérences à chaque pas, non par excès d'éducation, mais parce qu'il était boiteux. Il avait une croupe de singe, la queue absente, un cou de chameau, plus long encore ; il n'avait qu'un œil, mais de prunelle point. On devinait, en le voyant, à combien de pénitences, de jeûnes et d'humiliations le soumettait son maître pour lui faire gagner sa ration. Ainsi monté et louvoyant tantôt d'un côté, tantôt de l'autre, comme le Pharisien à la procession[5], suivi de tous mes camarades costumés, j'arrivai à la place du marché (je frémis encore quand j'y pense). En passant près des étalages des fruitières, — Dieu m'en préserve à l'avenir ! — mon cheval vola un chou à l'une d'elles, et, sans être vu ni entendu, l'expédia vers son ventre, où il parvint en un instant en dégringolant par la gorge. La fruitière, ces femmes-là sont sans pudeur, se mit à crier. Les autres accoururent, et avec elles une troupe de vauriens, et tous, saisissant des carottes grosses comme des bouteilles, des navets monstrueux, des aubergines et d'autres légumes, ils se mirent à en faire pleuvoir sur le pauvre roi. Voyant à cette abondance de *navets* qu'il s'agissait d'une bataille *navale*, et qu'elle ne pouvait se livrer à cheval, je voulus descendre ; mais ma monture reçut un tel coup à la tête, qu'elle se mit à se cabrer, et nous allâmes rouler ensemble dans le ruisseau. Je vous laisse à imaginer dans quel état je fus mis. Mes compagnons s'étaient armés de pierres ; ils donnèrent sur les marchandes et en blessèrent deux à la tête... La justice accourut, arrêta fruitières et enfants, recherchant tous ceux qui avaient des armes et les leur enlevant, car quelques-uns portaient des dagues et de petites épées pour compléter leur costume. On vint à moi ; je n'avais plus rien : on m'avait tout enlevé avec ma cape et mon chapeau pour les mettre à sécher dans une maison voisine ; on me demanda mes armes, à quoi je répondis, tout... crotté, que je n'en avais pas d'autres que des armes offensives à l'encontre du nez. Je me rappelle, à ce propos, qu'au moment où les marchandes m'envoyaient des trognons et des navets, je m'imaginai qu'elles me prenaient pour ma mère, à qui elles avaient fait plusieurs fois pareille fête, et je leur criai : « Mesdames, je ne suis pas Aldonza Saturno de Rebollo, qui est ma mère. » La frayeur que j'éprouvais explique ma sottise.

Pour revenir à l'alguazil, il voulut m'emmener en prison, et ne m'emmena pas, parce qu'il ne sut par où m'empoigner, tant j'étais... embourbé.

Chacun s'en alla de son côté, et moi je quittai la place pour rentrer à la maison, mettant au supplice tous les nez que je rencontrais sur mon chemin. Une fois au logis, je contai à mes parents ce qui m'était arrivé, et ils se mirent dans une telle colère de me voir en pareil état, qu'ils voulurent me maltraiter. Je rejetai la faute sur cette éternité de rosse desséchée qu'ils m'avaient fournie ; je comptais qu'ils se tiendraient pour satisfaits ; mais, voyant que je ne réussissais pas, je sortis et allai voir mon ami don Diégo, que je trouvai la tête cassée et ses parents décidés à ne plus l'envoyer à l'école. Là, j'appris que ma rosse, se voyant dans un cas difficile, avait essayé de lancer deux ruades ; mais elle était tellement désorganisée, qu'elle se démit les hanches et resta dans la fange, bien près de mourir.

Au résultat, j'en étais avec une fête manquée, la population scandalisée, mes parents furieux, mon ami blessé, mon cheval mort ! Je résolus de ne plus retourner à l'école ni à la maison paternelle, et de rester à servir don Diégo, ou, pour mieux dire, à lui tenir compagnie. Cette détermination fit grand plaisir à sa famille, car Diégo paraissait fort content de mon amitié. J'écrivis à mes parents que je n'avais plus besoin d'apprendre, parce que, quoique je ne susse pas encore bien écrire, j'en savais assez pour être un cavalier accompli, la première condition étant d'écrire mal[6] ; que, par conséquent, je renonçais à l'école pour ne pas leur causer de dépenses, et à leur maison pour leur éviter tout souci. Je leur dis où je restais, en quelle qualité, et enfin, que je ne les reverrais que lorsqu'ils m'en donneraient la permission.

CHAPITRE III.

Comment Pablo entra dans un pensionnat en qualité de domestique de don Diego Coronel.

Don Alonso prit un jour le parti de mettre son fils en pension, autant pour l'éloigner de la maison, que pour ne pas s'en occuper. Informé qu'il y avait à Ségovie un certain licencié nommé Cabra, qui faisait profession d'élever les fils de famille, il y envoya son fils, auquel il m'attacha comme compagnon et comme serviteur.

Ce fut le premier dimanche de Carême que nous devînmes les pensionnaires de la faim personnifiée ; je ne connais pas d'autres termes pour mieux dépeindre une telle ladrerie. C'était un roseau en habits de clerc ; il n'avait que de la longueur ; sa tête était petite et ses cheveux roux. Il est inutile d'en dire davantage à quiconque sait le proverbe : « Ni bon chat ni bon chien de pareille couleur. » Ses yeux étaient tellement enfoncés dans la tête, qu'il avait l'air de regarder par des soupiraux ; ils étaient profonds et sombres comme des boutiques de marchands. Son nez était entre Rome et la France, mais pas sur son visage ; quelque humeur froide le lui avait mangé. Son menton était pâle du voisinage de la bouche, qui, affamée qu'elle était, semblait vouloir l'avaler. Il lui manquait je ne sais combien de dents ; elles avaient été renvoyées, je pense, comme inutiles et vagabondes. Il avait un cou d'autruche, et la noix tellement saillante, qu'elle semblait vouloir aller chercher nourriture ailleurs; ses bras étaient desséchés, et chaque main pareille à une poignée de sarments. Vu de la ceinture jusqu'aux pieds, ses deux jambes longues et maigres lui donnaient l'air d'une fourchette ou d'un compas ; il marchait très-lentement, et, s'il venait à prendre la course, ses os sonnaient comme des cliquettes de ladre. Sa voix était exténuée, sa barbe longue, car, par économie, il ne se faisait jamais raser ; il disait, à ce propos, qu'il éprouvait de telles nausées quand il sentait les mains du barbier sur son visage, qu'il se laisserait plutôt tuer que de consentir à cette opération. C'était le serviteur d'un de ses pensionnaires qui lui coupait les cheveux[1].

Les jours où il faisait du soleil, il portait un bonnet rongé à jour par les rats et rehaussé de garnitures de graisse. Ce bonnet était fait de quelque chose qui avait été drap, avec une doublure de crasse. Sa soutane était chose merveilleuse, parce qu'on n'en pouvait deviner la couleur ; les uns, la voyant si rapée, disaient qu'elle était de peau de grenouille; les autres la nommaient illusion ; de près elle paraissait noire, de loin on la croyait bleue ; elle n'avait ni ceinture, ni col, ni poignets[2]. Avec ce vêtement misérable, écourté, et ses longs cheveux, il avait l'air d'un croque-mort. Chacun de ses souliers eût servi de tombe à un Philistin. Et son appartement ! On n'y voyait pas même une araignée. Les rats n'y trouvaient rien à ronger. Son lit était par terre, et il se couchait toujours sur un même côté, de peur d'user ses draps ; en un mot, il était archipauvre ; c'était le prototype de la misère.

Tel était l'homme sous le pouvoir duquel je tombai en compagnie de don Diégo. Le soir où nous arrivâmes, il nous montra notre logement, et nous adressa une courte allocution ; s'il ne la fit pas plus longue, ce fut par crainte de dépenser du temps. Il nous indiqua ce que nous avions à faire : nous y travaillâmes jusqu'à l'heure du repas, et nous descendîmes. Les maîtres mangeaient les premiers, les domestiques les servaient. Le réfectoire était une pièce grande comme un demi-boisseau ; chaque table pouvait contenir jusqu'à cinq gentilshommes. Je commençai à regarder s'il y avait des chats, et, comme je n'en vis point, j'en demandai la raison à un ancien domestique du logis, dont la maigreur était la marque de la pension. « Des chats ! me dit-il d'un air désolé. Et qui vous a dit, à vous, que les chats fussent amis du jeûne et de la pénitence ? A votre embonpoint, on reconnaît aisément que vous êtes nouveau ici. »

Cette réponse m'affligea beaucoup, et je m'effrayai encore davantage quand j'eus remarqué que tous ceux qui m'avaient précédé dans la pension étaient effilés comme des alènes, et que leurs visages semblaient frottés de diachylon. Le licencié Cabra prit place et dit le bénédicité ; on apporta dans des écuelles de bois un bouillon si clair, que Narcisse, en voulant le boire, eût couru plus de dangers qu'à la fontaine ; les doigts décharnés des convives s'en allaient à la nage à la recherche de quelques pois chiches, orphelins et solitaires, égarés au fond des écuelles. « Il est certain, disait Cabra à chaque gorgée, que rien n'est comparable au pot-au-feu ; qu'on dise ce qu'on voudra, tout le reste est vice et gourmandise. »

Puis, quand il se fut mis toute son écuelle sur l'estomac. « Tout cela, ajouta-t-il, est salutaire et développe l'esprit. — Que ton esprit t'étouffe, disais-je tout bas. »

Alors entra un jeune domestique demi-fantôme et si desséché, qu'il semblait que la viande qu'il apportait eût été enlevée sur lui-même. Un seul navet errait autour du plat. « Comment, voilà des navets ! dit le maître ; il n'y a pas pour moi de perdrix qui vaille cela ; mangez, mes amis ; je suis joyeux de vous voir à l'œuvre. » Il partagea la viande entre tous en si petite quantité, que tout fut consommé par les ongles et par les dents creuses, et les entrailles des convives restèrent *excommuniées*[3].
« Mangez, mangez, disait Cabra en les regardant ; vous êtes jeunes, et j'ai grand plaisir à voir vos bonnes dispositions. »

Hélas ! quel régal pour de pauvres jeunes gens qui se pâmaient de faim !

Le repas achevé, il resta sur la table quelques rogatons, et dans le plat, des morceaux de peaux et des os. « Ceci, dit le maître, restera pour les domestiques, car il faut aussi qu'ils mangent, et nous ne voulons pas tout prendre. Allons, cédons-leur la place ; et vous autres, allez prendre de l'exercice jusqu'à deux heures, afin que ce que vous avez mangé ne vous fasse pas de mal. »

A ces mots, je ne pus m'empêcher de rire à gorge déployée. Le maître se mit en grande colère, me conseilla d'apprendre à être modeste, me débita trois ou quatre vieilles sentences, et s'en alla. Nous prîmes place à notre tour. Voyant la table si mal garnie et sentant mes entrailles demander justice, j'attaquai le plat en même temps que les autres, et, comme j'étais le plus grand et le plus fort, j'engloutis deux rogatons sur trois, et un morceau de peau. Les autres s'étant mis à grogner, Cabra accourut, attiré par le bruit : « Mangez en frères, nous dit-il, puisque Dieu vous donne de quoi ; ne

vous querellez pas, il y en a pour tout le monde. »
Il retourna se promener au soleil, et nous laissa seuls.

Il y avait parmi nous un Biscayen, nommé Surre, qui avait tellement oublié par où et comment on mangeait, que, s'étant emparé d'une croûte de pain, il la porta deux fois à ses yeux, et ne parvint pas, en trois fois, à l'acheminer de la main à la bouche. Je demandai à boire ; les autres, qui étaient à peu près à jeun, n'en avaient pas besoin ; on me donna un vase avec de l'eau ; mais à peine l'eus-je porté à la bouche que le domestique dont j'ai parlé me l'enleva tout aussitôt. Je quittai la place avec désespoir, voyant que j'étais dans une maison où les entrailles ne pouvaient répondre aux santés qu'on leur portait.

J'eus envie de *démanger*, bien que je n'eusse pas mangé, et je demandai à un ancien de m'indiquer le cabinet. « Je ne sais pas, me dit-il ; il n'y en a pas dans cette maison. Pour une fois que l'envie vous viendra, faites comme vous voudrez ; voilà deux mois que je suis ici, et je n'ai eu cette idée que le jour où je suis entré, comme vous aujourd'hui, parce que j'avais soupé chez moi la veille. »

Comment vous dépeindre ma peine et ma tristesse ? Convaincu qu'à l'avenir il devait entrer si peu de chose dans mon corps, je n'osai, quelque envie que j'en eusse, en rien laisser sortir. J'allai trouver mon maître ; nous causâmes jusqu'à la nuit ; don Diégo me demandait ce qu'il devait faire pour persuader à son ventre qu'il avait mangé, parce qu'il n'en voulait rien croire. Cette maison était peuplée de défaillance autant qu'une autre le serait de hoquets.

Vint l'heure du souper ; le goûter s'était passé en blanc. Nous mangeâmes beaucoup moins ; on ne nous servit point de mouton, si ce n'est quelque chose comme le maître, de la chèvre grillée ³. Le diable n'aurait pas d'invention pareille aux siennes. « Il est fort salutaire et fort profitable, nous disait Cabra, de souper légèrement, afin de tenir l'estomac libre. » Il nous citait à ce sujet une kyrielle de médecins d'enfer ; il chantait les louanges de la diète ; il ajoutait que l'homme devait se garder des rêves pesants. Hélas ! il savait bien que chez lui on ne pouvait rêver à autre chose qu'à manger.

Or donc on soupa ; nous soupâmes tous et nul ne soupa. Nous allâmes nous coucher, et, pendant toute la nuit, ni don Diégo ni moi ne pûmes dormir : lui projetait de se plaindre à son père et de lui demander de le retirer de là ; moi je lui conseillais de le faire. « Seigneur, lui dis-je enfin, savez-vous si nous sommes réellement en vie ? L'idée me vient que nous avons été tués dans la bataille contre les fruitières, et que nous sommes maintenant des âmes en purgatoire ; il me semble donc inutile de prier votre père de nous tirer d'ici, si en même temps quelqu'un ne récite une ou deux neuvaines de rosaire et ne fait dire, pour notre délivrance, une messe sur un autel privilégié. »

Partie en discourant de la sorte, et un peu en dormant, nous arrivâmes au moment de nous lever ; six heures sonnèrent, et Cabra nous appela pour la leçon ; nous nous y rendîmes et l'écoutâmes tous. Déjà mes épaules et mes flancs nageaient dans mon pourpoint, mes jambes laissaient de la place pour sept autres paires de chausses, mes dents étaient couvertes de tartre jaunâtre (vêtement de désespoir). Je fus chargé de lire aux autres la première déclinaison, et ma faim était si grande, que je déjeunai avec la moitié des mots que j'avalai en passant.

On croira bien tout cela, lorsqu'on saura ce que me racontait un valet de Cabra, qui avait vu amener à la maison deux chevaux frisons qui, au bout de deux jours, étaient tellement légers, qu'ils eussent pu voler dans les airs ; deux énormes mâtins devinrent en trois jours plus minces que des lévriers. Pendant un carême, il vint des hommes qui exposaient à la porte de la maison les uns leurs pieds, les autres leurs mains, leurs corps même ; beaucoup de gens venaient pour cela du dehors, et comme quelques-uns en demandaient la raison, Cabra, tout en se fâchant, répondit que ces malheureux avaient les uns la gale, les autres des engelures, dont ils se débarrassaient en les apportant chez lui, où elles mouraient de faim. Le domestique m'affirma que rien n'était plus vrai, je le répète, et je demande en grâce qu'on ne m'accuse pas d'exagération.

Au bout de quelques jours, Cabra changea notre ordinaire ; on l'avait appelé juif, et, pour prouver le contraire, il ajouta du salé au pot-au-feu. Il avait pour cela une petite boîte en fer percée de trous comme une salière ; il l'ouvrait, y mettait un morceau de salé, la refermait et la suspendait à une corde dans la marmite, afin qu'il s'échappât quelque peu de jus par les trous et que le salé pût rester pour un autre jour. Il lui sembla par la suite que ce mode en usait beaucoup, et il se contenta de faire voir le salé à la marmite. On peut s'imaginer comment nous vivions.

Don Diégo et moi nous fûmes enfin tellement à bout, que, ne sachant plus comment faire pour manger, nous cherchâmes un prétexte, au bout d'un mois, pour ne plus nous lever matin ; nous convînmes de dire que nous avions quelque mal. Nous ne parlâmes pas de la fièvre, parce que, comme nous ne l'avions pas, l'imposture eût été facilement découverte ; un mal de tête ou un mal de dents ne pouvant être une excuse suffisante, nous déclarâmes enfin que nous souffrions des entrailles, et que nous étions malades de n'avoir pas été à la selle depuis trois jours. Nous pensions que dans la crainte de dépenser un demi-réal, Cabra se garderait de nous faire soigner. Le diable en ordonna autrement ; notre homme avait une recette que lui avait léguée son père, apothicaire de son vivant. Connaissant notre maladie, il composa un remède, et, appelant une vieille de soixante-dix ans, sa tante, qui servait d'infirmière, il la chargea de nous donner à chacun un lavement[4].

On commença par don Diégo. Le malheureux se serra, et la vieille, au lieu de le lui mettre dedans, l'envoya entre les reins et la chemise jusqu'à l'occiput. Ce qui devait faire garniture à l'intérieur alla faire doublure au dehors. Diégo poussait des cris ; Cabra accourut, et voyant cela, ordonna qu'on s'occupât de moi, disant qu'ensuite on reviendrait à mon maître. Je m'étais habillé : cela ne servit à rien. Cabra et d'autres me tenaient : la vieille m'administra le remède, mais je le lui rendis par la figure. Cabra se mit en colère, me dit que c'était de la malice, qu'il me mettrait hors du logis ; mon malheur voulut qu'il oubliât sa menace. Nous nous plaignîmes à don Alonso, et le Cabra lui faisait croire que notre maladie n'était qu'une feinte pour éviter les leçons. La vieille fut installée gouvernante du logis, chargée de faire la cuisine et de servir les pensionnaires ; le domestique fut renvoyé, parce que le maître lui trouva, un vendredi matin, quelques miettes de pain dans les poches.

Ce que la vieille nous fit souffrir, Dieu le sait !

Elle était tellement sourde, qu'elle n'entendait que par signes ; elle y voyait à peine, et priait Dieu et les saints si souvent, qu'un jour son rosaire se désenfila au-dessus de la marmite. Cela nous valut le bouillon le plus chrétien que j'aie jamais pris. « Des pois noirs, disaient les uns ; ils viennent sans doute d'Ethiopie ? — Des pois en deuil, reprenaient les autres ; quels parents ont-ils perdus ? » Mon maître don Diégo en goba un grain, voulut le mâcher, et se cassa une dent. Les vendredis la vieille nous envoyait des œufs tout poilus décorés de ses propres cheveux, vénérables comme des alcades ou des magistrats. Prendre la pelle à feu pour la cuiller à pot, servir une écuelle de bouillon pavée de charbons, étaient choses fort ordinaires à la vieille. Mille fois je rencontrai dans la soupe des insectes, des morceaux de bois, des débris de l'étoupe qu'elle filait ; je laissais tout passer : cela occupait l'estomac et y faisait volume.

Le Carême vint au milieu de toutes ces horreurs, et, vers le commencement, un de nos camarades tomba malade. Cabra, pour ne pas dépenser, tarda tellement d'appeler le médecin, que le pauvre enfant eut plutôt besoin de confession que d'autre chose. Enfin, il fit venir un aspirant-chirurgien, qui tâta le pouls au malade, et déclara que la faim avait pris les devants sur lui pour tuer cet homme. On l'administra, et quand le pauvre garçon, qui ne parlait plus depuis un jour, vit venir le Saint-Sacrement, il dit : « Mon seigneur Jésus-Christ, il me fallait vous voir entrer dans cette maison pour cesser de croire que je n'étais pas en enfer. » Ces paroles se sont gravées dans mon cœur. Le malheureux mourut ; nous lui fîmes de pauvres funérailles, car il était étranger, et nous revînmes de là tout attristés.

Toute la ville fut informée de ce triste événement, et don Alonso Coronel l'apprit comme les autres. Il n'avait pas d'autre fils que don Diégo ; il cessa de douter des cruautés de Cabra, et commença à ajouter plus de foi aux rapports des deux spectres; car nous étions arrivés à ce pitoyable état. Il vint pour nous retirer de la pension, et nous étions devant lui qu'il nous demandait encore. Enfin, il nous reconnut, et, sans plus de ménagement, il traita fort mal le licencié Vigile-Jeûne. Il nous fit transporter chez lui dans deux chaises à porteurs, et nous prîmes congé de nos camarades, qui nous suivaient du regard et du désir, le cœur plus gros que le captif d'Alger qui voit partir ses compagnons rachetés.

CHAPITRE IV.

De la convalescence de Pablo et de Diégo. Leur départ pour aller étudier à Alcala de Henarès.

Arrivés au logis de don Alonso, on nous mit chacun dans un lit avec grande précaution, de crainte que nos os, disloqués par la famine, ne vinssent à se répandre. On fit venir des gens tout exprès pour nous chercher les yeux par le visage, et comme mes souffrances avaient été les plus grandes et que j'avais enduré une faim impériale, — car enfin j'avais été traité comme domestique, — on fut un bon bout de temps avant de trouver les miens. Les médecins vinrent et ordonnèrent qu'on nous chassât la poussière de la bouche avec des queues de renard, comme l'on fait pour épousseter les tableaux, et nous étions, en effet, de véritables tableaux de misère. Ils défendirent qu'on parlât haut dans notre chambre pendant neuf jours, parce que, nos estomacs étant creux, chaque parole y faisait écho. Enfin, on nous fit apporter des consommés et des mets substantiels. Oh! quelle illumination firent nos boyaux au premier lait d'amandes, au premier oiseau qu'ils virent arriver! Tout était nouveau pour eux. Mais que de peine on eut le premier jour à séparer nos mâchoires! nos gencives étaient ridées, nos dents noires et scellées entre elles. On nous les faisait frotter tous les jours avec le pilon d'un mortier. Entourés de soins, nous revînmes peu à peu à nous et nous reprîmes haleine. Au bout de quatre jours, nous nous levâmes pour faire quelques petits pas, et nous avions encore l'air d'ombres. A notre maigreur extrême et à notre teint jaune, on nous eût pris pour de la graine des solitaires de la Thébaïde.

Nous passions la journée à remercier Dieu de nous avoir rachetés de la captivité du féroce Cabra, et nous lui demandions de ne pas permettre qu'un chrétien tombât dans ses mains cruelles. Si par hasard, en mangeant, nous nous rappelions la table de ce bourreau, notre faim s'augmentait de telle sorte, que ce jour-là la dépense du logis s'en ressentait. Nous racontions souvent à don Alonso que le licencié se mettait rarement à table sans nous faire un long discours contre la gourmandise, qu'il n'avait jamais connue de sa vie, et don Alonso riait beaucoup quand nous lui disions que dans le commandement de Dieu : *Tu ne tueras pas,* il comprenait les perdrix, les chapons et toutes les choses qu'il ne voulait pas nous donner; il y comprenait aussi la

faim, puisqu'il considérait comme un péché d[e]
tuer; c'était une vertu que de l'entretenir, afin qu'[il]
dispensât de manger.

Trois mois se passèrent, au bout desquels [don]
Alonso projeta d'envoyer son fils à Alcala, p[our]
apprendre ce qui lui manquait de grammaire. Il
demanda si je voulais y aller, et moi, qui ne dési[rais]
pas autre chose que de sortir d'un pays où j'ent[en]-
dais sans cesse le nom de ce maudit persécut[eur]
d'estomacs, je m'offris à servir son fils du mieux [que]
je pourrais. Il lui donna un de ses serviteurs co[mme]
majordome, avec mission de diriger sa maison [et]
de lui rendre compte de l'argent qu'il nous assig[nait]
pour la dépense, et qu'il nous remit en mandats [sur]
un nommé Julian Merluza.

Nous chargeâmes notre mobilier sur la voit[ure]
d'un certain Diégo Monge ; il se composait d'[une]
demi-couchette pour don Diégo, de deux lits [de]
sangle pour moi et le majordome, qui se nom[mait]
Aranda, de cinq matelas, huit draps, huit oreill[ers,]
quatre tapis, un coffre plein de linge blanc et [des]
autres ustensiles d'un ménage. Nous nous plaçâ[mes]
dans un carrosse et nous partîmes sur le soir, [une]
heure avant la fin du jour.

Il était près de minuit lorsque nous arrivâme[s à]
l'éternellement maudite hôtellerie de Viveros. L'[hô]-
telier était Morisque et fripon, et de ma vie je [n'ai]
vu chat et chien en aussi bonne harmonie¹. Il n[ous]
fit grande fête, s'approcha du carrosse, me donn[a la]
main pour m'aider à descendre, et me demand[a si]
j'allais étudier. Après ma réponse, il nous condu[isit]
dans l'hôtellerie, où se trouvaient deux sacripa[nts]
avec des filles de joie, un curé qui lisait son b[ré]-
viaire à la fumée, un vieux marchand avare [qui]
cherchait à oublier de souper, et deux étudiant[s]

petit collet, pique-assiettes, avisant aux moyens de se rassasier à bon compte. « Seigneur hôte, fit mon maître, comme un jeune homme peu habitué à se trouver dans une hôtellerie, servez-nous ce que vous aurez pour moi et deux domestiques. — Nous sommes tous les vôtres, s'écrièrent à l'instant les deux sacripants, et nous nous mettons à votre service. Holà! l'hôte, songez que ce cavalier vous tiendra bon compte de ce que vous ferez : allons! buffet sur table. »

Sur ce, l'un d'eux vint à mon maître, lui ôta son manteau, le posa sur un banc, et ajouta : « Reposez-vous, seigneur. » J'étais tout fier de cet accueil et me croyais déjà le maître de l'hôtellerie. « Quelle jolie tournure de cavalier! s'écria à son tour une des nymphes. Il va étudier? Êtes-vous son domestique? — Nous le sommes tous deux, lui dis-je, en désignant Aranda. — Et comment se nomme-t-il? — Don Diégo Coronel. » Je n'eus pas plus tôt prononcé ce nom, qu'un des étudiants courut à mon maître la larme à l'œil et le serra étroitement dans ses bras. « Oh! seigneur don Diégo, lui dit-il, qui m'aurait pu faire prévoir, il y a dix ans, que je vous rencontrerais de la sorte! Malheureux que je suis, d'être changé au point que vous ne pouvez me reconnaître! »

Don Diégo restait tout étonné, et moi autant que lui, jurant tous deux que nous ne l'avions vu de notre vie. L'autre étudiant regardait don Diégo. « Est-ce là, dit-il à son ami, ce jeune seigneur dont vous m'avez tant de fois nommé le père? C'est un grand bonheur pour nous que de le rencontrer et de faire la connaissance d'un jeune cavalier d'autant de mérite; que Dieu le conserve! » En parlant de la sorte il se signa.

Qui n'aurait pas cru que ces jeunes gens avaient été élevés avec nous ? Don Diégo fit de grandes politesses au premier, et il allait lui demander son nom, lorsque survint l'hôtelier, qui flaira de suite la mystification et trouva bon d'y aider quelque peu. « Laissez cela, seigneur, s'écria-t-il en mettant la nappe ; vous causerez après le souper, il se refroidit. »

Un sacripant approcha des siéges pour tout le monde et un fauteuil pour don Diégo ; un autre apporta un plat. « Mettez-vous à table, seigneur, dirent les étudiants à don Diégo, et, en attendant qu'on nous prépare ce qu'on trouvera pour nous, nous aurons l'honneur de vous servir. — Jésus ! reprit don Diégo, prenez place, je vous en prie, faites-moi l'honneur de partager avec moi. — Tout à l'heure, répondirent les sacripants, quoi qu'on ne leur parlât pas ; tout n'est pas encore prêt. »

Quand je vis les uns invités, les autres qui s'invitaient eux-mêmes, je m'affligeai, et je pressentis ce qui allait arriver. Les étudiants s'emparèrent de la salade, qui formait un plat assez copieux ; et, regardant mon maître : « Il n'est pas convenable, firent-ils, que dans un lieu où se trouve un cavalier si distingué, ces dames restent sans manger. Ordonnez, seigneur, qu'elles prennent une bouchée. »

Don Diégo invita ces dames avec un compliment galant ; elles vinrent s'asseoir, et, aidées des deux étudiants, elles expédièrent le tout en quatre bouchées, ne laissant qu'un cœur de laitue que mangea don Diégo. « Seigneur, lui dit le maudit étudiant en le lui présentant, vous avez eu un aïeul, oncle de mon père, qui se trouvait mal quand il voyait des laitues. Quel homme de grand mérite c'était ! » Et en disant cela, il s'adjugeait un petit pain et son camarade en prenait un autre. Les nymphes faisaient de même, et le curé dévorait, mais des yeux.

Les sacripants vinrent s'installer, portant à eux deux la moitié d'un chevreau rôti, deux longes de cochon et une paire de pigeons en ragoût. Et alors appelant le curé : « Eh bien, père, lui dirent-ils, allez-vous rester là ? Venez, approchez-vous ; le seigneur don Diégo nous traite tous. » Le bon père ne se le fit pas dire deux fois, et quand don Diégo vit qu'ils s'étaient tous impatronisés à sa table, il commença à s'attrister. Les convives se partagèrent le menu et donnèrent à mon maître je ne sais quoi, des os et des ailerons ; le reste fut avalé en un clin d'œil. « Mangez peu, seigneur, disaient les sacripants ; cela pourrait vous faire mal. — Il est bon, ajoutait le maudit étudiant, de peu manger pour s'accoutumer à la vie d'Alcala. »

Aranda et moi, pendant tout ce temps, nous demandions à Dieu de leur mettre dans le cœur de nous laisser quelque chose. Quand ils eurent tout fait disparaître et que le curé eut repassé les os des autres, l'un des sacripants se leva. « Pécheur que je suis ! s'écria-t-il, nous n'avons rien laissé aux domestiques ! Venez ici, amis. Holà ! seigneur hôte, donnez-leur tout ce que vous aurez, voici un doublon. » Le maudit parent de mon maître, l'écolier, je veux dire, s'élança aussitôt vers lui. « J'en demande pardon à Votre Grâce, seigneur cavalier, lui dit-il ; mais il me semble que vous n'êtes pas fort en fait de courtoisie ; ne connaissez-vous pas le seigneur mon cousin ? Il donnera pour ses serviteurs et aussi bien pour les nôtres, si nous en avions, comme il nous a donné à nous-mêmes. — Ne vous fâchez pas, répondit l'autre, je ne le connaissais pas. »

J'étais hors de moi ; je les maudissais tous, quand je vis tant de duplicité, et peu s'en fallut que je n'éclatasse. On enleva la table, et tous conseillèrent à don Diégo de s'aller coucher. Il voulait payer le souper ; on lui répondit qu'il en serait temps le lendemain. On causa quelques instants, et l'étudiant, à qui don Diégo demanda son nom, répondit qu'il s'appelait don Carlos Coronel. Puisse cet imposteur trouver le feu d'enfer en quelque lieu qu'il se trouve. Le prétendu don Carlos s'aperçut que l'avare dont j'ai parlé était endormi dans un coin. « Voulez-vous rire, seigneur? dit-il à don Diégo ; nous allons jouer quelque tour à ce vieux, qui, tout riche qu'il est, n'a mangé qu'une poire pendant tout le chemin. — Bravo le licencié! dirent les sacripants ; faites-lui ce que vous dites. »

L'étudiant s'approcha du pauvre vieillard, qui dormait toujours, lui enleva une besace sur laquelle il avait les pieds, en délia les cordons, et y trouva une petite caisse. Là dessus il appela à lui, on ouvrit cette caisse, on vit qu'elle contenait des confitures sèches. Il en tira tout ce qu'elle renfermait, mit à la place des pierres, des morceaux de bois et tout ce qu'il trouva, puis il fit par dessus une saleté que je ne veux pas dire, ajouta quelques platras et ferma la boite. « Ce n'est pas tout, dit-il, voici une outre. » Il en vida le vin, y fourra de la laine et de la bourre qu'il prit à l'un des oreillers de notre carrosse, remit un peu de vin par-dessus et la ferma. Il remit l'outre et la boîte dans la besace, fourra une grosse pierre dans le capuchon du gaban du vieux, et tout le monde s'en alla dormir pendant une heure ou une demi-heure qui restait.

Lorsque vint le moment de se remettre en route le vieux dormait encore ; on l'appela ; mais, quand il voulut se redresser, il ne put lever le capuchon de son gaban; il regarda quelle en pouvait être la cause, et l'hôtelier se mit à lui chercher querelle. « Corps-Dieu, mon père, s'écria-t-il, n'avez-vous donc trouvé autre chose à emporter que cette pierre ? Que vous en semble, Seigneurs ? Si je ne l'avais pas vu! Une chose que j'estime plus de cent ducats, et qui est un excellent spécifique contre les maux d'estomac ! » Le pauvre vieux jurait et protestait que ce n'était pas lui qui avait mis la pierre dans son capuchon.

Les sacripants firent le compte de la dépense, qui montait à soixante réaux; Juan de Leganos lui-même n'y eût rien compris [2]. Les étudiants disaient: « Comment pourrions-nous vous être utiles à Alcala? » Mon maître paya, nous mangeâmes un morceau, et le vieux prit sa besace. De peur que nous ne vissions ce qu'elle renfermait et afin de ne partager avec personne, il l'ouvrit en cachette, sous son caban, et, saisissant un plâtras barbouillé comme vous savez, il le porta à sa bouche et y enfonça les deux seules dents qui lui restassent et qu'il faillit briser. Il se mit à cracher et à donner des signes de douleur et de dégoût. Nous accourûmes tous auprès de lui, et le curé le premier, lui demandant ce qu'il avait. Le pauvre homme se donnait au diable et laissa tomber sa besace; l'un des étudiants vint droit à lui en lui présentant une croix et en criant : « Arrière, Satan ; » l'autre ouvrit un bréviaire ; on lui dit qu'il était possédé; il le crut sans peine, et demanda qu'on lui laissât se laver la bouche avec un peu du vin qu'il avait dans son outre. On le laissa faire ; il prit l'outre, l'ouvrit, en approcha un vase et y versa un peu de vin qui coula avec de la laine et de l'étoupe, un vin sauvage si velu, si barbu, qu'on ne pouvait ni le boire ni l'avaler. A ce nouvel événement, le vieux acheva de perdre patience ; mais, voyant tous les visages décomposés par le rire, il prit sagement le parti de se taire et de monter dans le coche avec les sacripants et les filles. Les étudiants et le curé se huchèrent chacun sur un âne, et nous remontâmes dans notre voiture. Nous ne fûmes pas plustôt en route, que les uns et les autres se mirent à nous faire la nique et à se moquer de nous tout à leur aise. « Seigneur élève, criait l'hôtelier, pareilles leçons vous feront vieux. — Je suis prêtre, disait le curé, je dirai pour vous des messes. — Seigneur mon cousin, hurlait l'étudiant maudit, grattez-vous quand il vous en cuit et non après.

— Je vous souhaite la gale, seigneur don Diégo, ajoutait l'autre. »

Nous feignîmes de ne pas entendre, mais Dieu sait combien nous étions furieux. La pensée de cette aventure nous conduisit jusqu'à Alcala, où nous arrivâmes à neuf heures ; nous descendîmes à l'auberge, et nous passâmes le reste du jour à refaire le compte du souper de la veille sans parvenir à le tirer à clair.

CHAPITRE V.

Pablo fait son entrée à l'université d'Alcala. Des tribulations qu'il subit comme nouveau.

Nous quittâmes l'hôtellerie avant la nuit pour nous rendre au logis qu'on avait loué pour nous. C'était en dehors de la porte de Santiago, dans le quartier des étudiants, et dans une maison où il en logeait beaucoup.

L'hôte était du nombre de ceux qui croient en Dieu par courtoisie ou d'une manière inexacte ; le peuple les appelle Morisques, et il y a encore à Alcala bon nombre de ces gens-là, aussi bien que de certains autres qui ont de grands nez et qui n'en manquent que pour sentir le porc. Je dis cela et je rends justice à la distinction qui se rencontre chez les principaux de cette race, qui sont nombreux.

Notre hôte donc, en me recevant, me fit plus mauvaise mine que si j'étais un curé et que si je venais lui réclamer son billet de confession[1]. Je ne sais s'il voulut, par là, nous contraindre à lui porter respect, ou si c'est la coutume de ses pareils ; il n'est pas surprenant de trouver mauvais caractère chez ceux qui ne suivent pas une bonne loi. Nous déballâmes notre bagage, nous dressâmes nos lits et nous couchâmes. Notre première nuit fut excellente.

Le matin venu, nous fûmes éveillés par tous les étudiants de l'hôtel, qui vinrent en chemises réclamer à mon maître la bienvenue. Il n'y comprenait rien, et me demanda ce qu'ils voulaient. Pendant ce temps, par précaution de ce qui pouvait arriver, je m'établissais entre deux matelas, ne laissant voir que la moitié du visage, de sorte que j'avais l'air d'une tortue. Ils demandèrent deux douzaines de réaux : nous les leur donnâmes ; ils se mirent à chanter et à pousser des cris du diable. « Vive le camarade ! disaient-ils ; qu'il soit des nôtres, qu'il ait droit aux priviléges des anciens, qu'il ait la gale, qu'il soit honni, qu'il meure de faim comme nous tous ! »

Et là-dessus, voyez les beaux priviléges! ils dégringolèrent par l'escalier.

Après leur départ nous nous habillâmes et nous prîmes le chemin des écoles.

Mon maître, présenté par des collégiaux connus de son père, fut conduit à sa classe ; mais moi, qui devais entrer dans une autre et qui étais seul, je me mis à trembler. J'entrai dans la cour ; je n'y eus pas plustôt mis les pieds, que du plus loin qu'ils me virent, tous se mirent à crier : « Un nouveau ! un nouveau ! »

Je cherchai à faire bonne contenance, et je me mis à rire comme si cela ne m'eût pas inquiété ; mais cela ne suffit pas ; ils s'approchèrent de moi huit à neuf et se prirent à rire. Je devins tout rouge — si Dieu m'en avait gardé ! — et au même instant l'un d'eux, qui était auprès de moi, porta les mains à son nez et s'éloignant : « Il faut, dit-il, ressusciter ce Lazare, tant il sent mauvais. » Et là-dessus tous s'éloignèrent en se bouchant le nez. Moi, qui pensais me tirer d'affaire, je mis aussi mes mains à mon nez en disant : « — Vous avez raison, cela sent fort mauvais. » Cela les fit rire, mais ils continuèrent ; ils étaient réunis près de cent. Ils se mirent à renifler, à sonner de la gorge, à tousser, et au mouvement des bouches, je vis qu'il se préparait des crachats. A ce moment, un mauvais gamin catarrheux me prit pour but d'un crachat terrible en disant : « Voilà le mien. » Moi qui alors me vis perdu, je m'écriai : « Je jure Dieu que tu me la... » J'allais achever, mais la pluie qui tomba sur moi fut telle que je ne pus compléter la phrase. Je m'étais couvert la figure avec ma cape; tous tiraient sur moi, et il faut voir comme ils pointaient bien! J'étais comme une neige des pieds à la tête. Un autre drôle, voyant que j'étais couvert et que je n'avais rien à la figure, accourut à moi, disant d'un air de grande colère : « Assez, ne le tuez pas ! » A la manière dont on me traitait, je croyais bien, en effet, que j'allais mourir. Je me démasquai pour voir qui parlait, et au même instant, celui qui était intervenu m'appliqua son crachat entre les deux yeux.

Vous comprendrez mes angoisses ; la bande infernale poussa un cri étourdissant, et moi, en recevant tout ce que leurs estomacs m'envoyèrent, je me dis que par horreur des médecins et des apothicaires ils attendaient les nouveaux pour se purger.

Ils voulurent ensuite me donner des coups de poing dans le dos, mais ils n'en trouvèrent pas la place, à moins de se mettre aux mains la moitié de l'huile de ma cape noire, devenue blanche pour mes péchés. Ils me laissèrent. Je ressemblais à un crachoir de vieille plein de salive.

Je repris le chemin de notre maison, que j'eus peine à retrouver. Et heureusement pour moi qu'il était matin, et je ne rencontrai que deux ou trois gamins ; ils avaient sans doute le caractère bien fait, car ils se contentèrent de me lancer deux ou trois anguillades[2] et ils s'en allèrent.

Quand le morisque me vit, il détourna la tête et il fit mine de me cracher dessus. De crainte qu'il ne le fît, je lui dis : « Regardez bien, notre hôte : je ne suis pas l'*ecce homo*. Il m'en coûta de cette apostrophe, car il m'appliqua sur les épaules deux livres de coups de poing dont j'ai gardé bon souvenir. Avec cet appoint, à moitié rompu, je montai à la chambre, et je passai bien du temps à chercher par où prendre ma soutanelle et mon manteau. Je les ôtai enfin, je les pendis sur la terrasse et je me mis au lit.

Quelque temps après, mon maître arriva de l'école. Me trouvant endormi et ne sachant rien de mon aventure, il se mit en colère et me tira les cheveux de telle force, qu'un peu plus, et je me réveillais chauve. Je me levai en criant.

« Est-ce ainsi que l'on sert, Pablo ? me dit-il ; que signifie cette tenue ? Voilà une nouvelle vie. » En l'entendant dire une nouvelle vie, je me figurai que j'étais mort. « Et c'est comme cela, seigneur, répondis-je, que Votre Grâce me console de mes maux ? Voyez dans quel état sont mon manteau et ma soutanelle, qui ont servi de mouchoirs à la plus grande quantité de nez qu'on ait jamais vus aux processions de la semaine sainte. »

Là-dessus je me mis à pleurer. Mon maître me crut, il alla regarder mes vêtements et eut pitié de moi.

« Pablo, me dit-il, veille sur toi et tiens-toi sur tes gardes ; sache te défendre, car tu n'as plus ici ni père ni mère. D'où te vient tout cela ? »

Je lui racontai de quelle manière on avait procédé à ma réception. Il m'envoya reposer dans la chambre que je devais occuper en commun avec quatre domestiques des hôtes de la maison. Je dormis encore une heure ou deux, et quand vint le soir, après avoir bien soupé, je me trouvai aussi dispos que si rien ne me fût arrivé. Mais quand une fois les disgrâces viennent assaillir quelqu'un, il semble quelles ne puissent pas finir ; elles sont comme les anneaux d'une chaîne et se suivent les unes les autres.

Les autres valets vinrent se coucher ; ils me dirent bon soir, me demandèrent si j'étais malade et pourquoi j'étais au lit. Au récit de mon aventure, ils se mirent à se signer. « — Cela ne se ferait pas entre luthériens, disait l'un ; quelle méchanceté ! — Le recteur, disait l'autre, est bien coupable de ne pas les avoir empêchés. Connaissez-vous ceux qui étaient là ? » Je répondis que je n'en connaissais pas un et les remerciai de la compassion qu'ils me témoignaient. Ils se déshabillèrent, se couchèrent, soufflèrent la chandelle, et je me rendormis ; il me semblait que je fusse avec mon père et mes frères.

Il était environ minuit, lorsque je fus réveillé par les cris de l'un d'eux. « Au voleur ! disait-il ; on me tue ! » J'entendis du côté de son lit des coups, des cris étouffés, et aussitôt je levai la tête. « Qu'est-ce que cela ? demandai-je. »

Je fus à peine découvert, que je sentis tomber sur mes épaules une grêle de coups de corde. Je criai, je voulus me lever ; l'autre criait aussi, mais j'étais le seul battu. « Justice de Dieu ! » m'écriai-je.

Mais les coups pleuvaient sur moi si menu, que je n'eus d'autre remède que de me réfugier sous mon lit.

Aussitôt que je fus à l'abri, j'entendis mes camarades de chambre qui criaient à leur tour ; les coups continuèrent, et je pensai que quelque étranger s'était introduit parmi nous pour nous maltraiter de la sorte. Pendant ce temps celui qui était le plus près de moi monta sur mon lit, y fit des ordures et le recouvrit. Puis, au bout d'un instant, les coups cessèrent ; mes quatre camarades se levèrent et se mirent à crier : « C'est indigne, disaient-ils, cela ne se passera pas ainsi. » Moi, j'étais toujours sous mon lit, me plaignant comme un chien pris entre deux portes, et si ramassé que j'avais l'air d'être pris de crampes. Mes camarades firent mine de fermer la porte, et alors je sortis d'où j'étais et je remontai sur mon lit. Je leur demandai si on leur avait fait du mal ; tous se plaignaient comme s'ils étaient morts. Je me couchai, je me couvris et me remis à dormir, et comme, tout en dormant, je me retournais, quand je me réveillai je me trouvai barbouillé jusqu'aux cheveux. Les camarades se levèrent, et pour ne pas faire comme eux, je pris pour prétexte les coups que j'avais reçus. J'étais dans une confusion extrême, me demandant si par hasard, avec la peur, dans le trouble où j'étais, j'aurais fait cette saleté sans m'en douter, tout en dormant. A la fin je me trouvais innocent et coupable, sans savoir comment me justifier. Les camarades vinrent à moi, dissimulant, se plaignant, et me demandèrent comment je me trouvais ; je leur répondis que je souffrais beaucoup, parce qu'on m'avait beaucoup battu. « Mais, leur disais-je, qui donc nous a fait cela ? » Et eux : « Laissez faire ; nous le saurons bien ; il ne nous échappera pas. Mais laissons cela : voyons si vous êtes blessé, car vous vous plaignez beaucoup. » Et parlant ainsi ils voulurent tirer ma couverture afin de me faire honte.

En ce moment vint mon maître. « Se peut-il, Pablo, me dit-il, que je n'aie aucune autorité sur toi? Il est huit heures, et tu es encore au lit ! Lève-toi, par tous les diables ! » Les domestiques, pour me rendre confiance, contèrent à don Diégo toute l'histoire et lui demandèrent de me laisser dormir. L'un disait : « Si Votre Grâce ne me croit pas, voyons-le plutôt et levons-lui la couverture. » Je la retenais avec les dents pour ne pas laisser voir ces horreurs, et comme ils reconnurent qu'ils ne pouvaient venir à bout de moi par ce moyen, un autre s'écria : « Corps du Christ ! comme cela sent mauvais ? » Don Diégo dit la même chose, et ce n'était que trop vrai. Alors ils se mirent à chercher dans la chambre s'il y en avait. On regarda sous les lits, on les déplaça, et enfin on se dit : « C'est assurément sous le lit de Pablo. Passons-le dans l'un des nôtres et nous regarderons ensuite. »

Voyant qu'il n'y avait plus de remède et que le pot aux roses allait être découvert, je feignis d'être pris de mal de cœur, et je me mis à faire la grimace. Les camarades s'emparèrent de moi en disant : « Quelle horreur ! » Mon maître me prit par le petit doigt, et tous les cinq me soulevèrent. Jugez de leurs rires quand ils virent mes draps et quand cette odeur se répandit dans la chambre. Je faisais semblant d'être évanoui. « Pauvre garçon ! disaient ces vauriens, tirez-le par le petit doigt. » Et mon maître tira si fort qu'il me le démit. Les autres voulaient me donner le fouet pour me faire revenir. « Le pauvre garçon, disaient-ils, cela lui aura pris lorsqu'on l'a battu. » Je ne saurais dire ce qui se passait en moi : la honte, un doigt démis et la menace d'être fouetté. A la fin, pour y échapper, je fis mine de reprendre connaissance, et il était temps, l'exécution allait commencer. Ils me quittèrent enfin en me disant des injures. Je pleurais de dépit. « Il vaut mieux pour ta santé, ajoutèrent-ils, que tu te sois sali. » Et ils me laissèrent dans mon lit après m'avoir lavé.

Resté seul, je me dis qu'il m'était arrivé plus de tribulations en un jour à Alcala que pendant tout le temps que j'avais passé chez Cabra.

A midi, je m'habillai, je nettoyai ma soutanelle le mieux que je pus, et j'attendis mon maître, qui, en arrivant, me demanda comment je me trouvais. On se mit à table, je mangeai peu et avec fort peu d'appétit.

Ensuite, nous trouvant tous réunis dans le corridor, les autres domestiques, après s'être moqués de moi, me dévoilèrent leur farce. Tout le monde se mit à rire; ma honte n'en fut que plus grande et je me disais : « Alerte, Pablo, alerte! » Je résolus de me faire une autre vie, et à partir de ce jour je n'eus au logis que des frères, et, dans les cours de l'école, personne ne me tourmenta plus.

CHAPITRE VI.

D'une gouvernante qui fut méchante, et des malices que Pablo lui fit.

Fais comme tu verras faire, — *haz como vieres* — dit le proverbe, et le proverbe a raison. A force de songer, je formai la résolution d'être vaurien avec les vauriens, et plus vaurien que tous, s'il était possible. Je ne sais si j'en suis venu à bout, mais je puis vous assurer que j'ai fait tout ce que mes moyens m'ont permis. Je commençai par condamner à la peine de mort tous les petits cochons qui entreraient dans la maison, tous les poulets de notre gouvernante qui oseraient quitter la basse-cour pour pénétrer dans ma chambre. Un jour, deux porcs de la plus belle venue s'introduisirent au logis; j'étais jouer avec les autres valets; j'entendis grogner « Allez donc voir, dis-je à l'un d'eux, qui ose grogner en notre demeure. Vrai Dieu! ajoutai-je quand il m'eut dit que c'étaient deux porcs, c'est bien de l'insolence et bien de l'audace que de venir ainsi chez les étrangers. »

Je me mis, là-dessus, dans une grande colère, et courant fermer la porte, je marchai vers les deux insolents l'épée haute, et je la leur engaînai dans la poitrine. Ils se mirent à faire les cris que vous savez ; mais les camarades et moi, pour couvrir le bruit, nous nous mîmes à chanter à tue-tête jusqu'à ce qu'ils eussent expiré entre nos mains. L'exécution faite, nous nous mîmes à l'œuvre, et en un clin d'œil nos victimes furent flambées dans la cour, dépecées et mises en quartier. Tout était fini quand vinrent nos maîtres, si ce n'est toutefois le boudin, qui n'était pas des mieux préparés, attendu que, pressés comme nous l'étions, nous avions laissé dans les boyaux la moitié de ce qu'ils renfermaient.

Don Diégo et notre majordome, qui surent l'aventure, se mirent à me semoncer vertement ; mais les habitants du logis et les amis de mon maître riaient de telle sorte, qu'ils obtinrent bientôt ma grâce. « Que diras-tu, me demanda don Diégo, si on porte plainte et si la justice s'empare de toi ? — J'accuserai la faim, répondis-je; c'est la protectrice des étudiants. Si l'excuse ne suffit pas, je dirai qu'en voyant entrer ces animaux sans rien dire, j'avais cru qu'ils étaient à nous. »

Tout le monde se mit à rire. « Bravo ! Pablo, ajouta mon maître; vous commencez à merveille. »

Don Diégo et moi nous étions les deux extrêmes: lui la vertu, moi le vice; il était le garçon le plus calme et le plus religieux du monde; nul n'avait d'aussi grandes dispositions que moi à la turbulence; et cependant nous vivions ensemble dans la plus parfaite harmonie. J'avais aussi obtenu les bonnes grâces de la gouvernante du logis; nous nous étions entendus pour bien mener la dépense, et j'avais hérité de Judas, qui avait été dépensier, un goût fort prononcé pour l'anse du panier. Aux mains de la gouvernante, la viande ne suivait pas l'ordre rhétorique, elle allait du plus au moins. Quand elle pouvait faire passer de la chèvre ou de la brebis, elle ne donnait pas du mouton ; quand il y avait des os, elle ne s'approvisionnait pas de choses maigres; elle faisait des pots au feu qui étaient phthisiques à force d'être peu fournis et des bouillons qui étaient clairs comme cristal.

Elle disait souvent à mon maître quand j'étais présent : « On ne trouverait pas, seigneur, un serviteur comme ce petit Pablo, s'il n'était aussi espiègle. Gardez-le bien, seigneur, car on peut lui passer ses espiègleries en faveur de sa fidélité. Il apporte toujours ce qu'il y a de meilleur au marché. »

J'en disais d'elle tout autant de mon côté, de sorte que nous en faisions accroire à toute la maison. Quand nous achetions ensemble de l'huile, du charbon ou du lard, nous en mettions de côté la moitié. Et de temps en temps, nous disions aux maîtres : « Modérez votre dépense; en vérité, si vous allez si vite, le bien du roi ne suffira pas. Il n'y a déjà plus d'huile ou de charbon; vous avez été trop grand train; il faudra vous arranger différemment. Pour le moment, il faut donner de l'argent à Pablico. » Et alors nous leur vendions ce que nous avions mis en réserve, et nous retenions encore la moitié de ce que nous achetions.

Lorsque j'apportais quelque chose du marché, nous nous querellions, la gouvernante et moi, sur ce que j'avais payé. « Comment, Pablo, me disait-elle d'un air colère, voudrez-vous me faire croire qu'il y a là pour un demi-réal de salade ? » Je feignais de pleurer, je criais, j'allais me plaindre à mon maître, je le priais d'envoyer le majordome aux enquêtes et de faire taire la gouvernante qui me querellait à plaisir. L'enquête se faisait, et le majordome revenait convaincu, ainsi que mon maître, de ma probité autant que du zèle de la gouvernante. « Ah! disait don Diégo, tout satisfait, si Pablico était aussi vertueux qu'il est fidèle ! » Nous faisions ainsi notre affaire en les suçant comme des sangsues.

Je gagerais que vous vous effrayez d'avance à la pensée de la somme que nous soutirâmes au bout de l'année ? Elle dut être forte, en effet, mais nous ne nous crûmes pas obligés à en faire le rapport. La gouvernante se confessait d'ailleurs tous les huit jours, et jamais je ne vis en elle pensée ou apparence de restitution, ni même le plus petit scrupule; or, c'était une sainte. Elle portait sans cesse au cou un rosaire de telle taille, qu'il eût été plus commode de porter sur les épaules une charge de bois; des poignées d'images, de croix et de médailles d'indulgence y étaient suspendues, et elle assurait que chaque nuit elle priait sur tout cela pour ses bienfaiteurs. Elle comptait une centaine de saints pour ses avocats, et, en bonne conscience, il lui en fallait bien autant pour se faire pardonner ses péchés. Elle les priait en latin pour faire l'innocente, et composait une multitude de mots inconnus à Cicéron et qui nous faisaient mourir de rire. Elle avait d'autres petites industries: elle savait à merveille conduire une intrigue, transmettre un message, et je crois que, comme ma mère, elle aspirait au surnom d'algébriste d'amour. Si ce sont là des crimes et des défauts, elle les avouait du moins avec une extrême franchise ; elle assurait qu'ils lui venaient de famille, comme aux rois de France le don de guérir les écrouelles.

Il était dans notre intérêt de vivre toujours en bonne intelligence ; mais nul n'ignore que deux amis, lorsqu'ils sont également avides, finissent par se tromper l'un l'autre.

La gouvernante élevait des poules dans la cour, et j'avais bien envie de lui en manger une; elle avait aussi douze ou treize poulets déjà forts. Un jour qu'elle était à leur donner à manger, je l'entendis leur dire *pie, pie*, à plusieurs reprises. A cette manière d'appeler les poulets, je jetai les hauts cris. « Corps de Dieu ! voisine, lui dis-je, que n'avez-vous tué un homme, ou détourné l'argent du roi, choses que je pourrais taire, plutôt que d'avoir fait ce que vous venez de faire et qu'il me sera impossible de cacher ! Malheur à vous et à moi ! »

A ces exclamations, que je fis avec le plus grand sérieux, la gouvernante fut toute troublée. « Qu'ai-je donc fait, Pablo ? me dit-elle ; si tu veux plaisanter, ne m'effraye pas davantage. — Plaisanter ! Ah ! plût à Dieu ! mais je ne puis cacher tout cela à l'Inquisition, sous peine d'être excommunié ! — L'Inquisition ! fit-elle, et elle se mit à trembler : ai-je donc fait quelque chose contre la foi ? — C'est là ce qu'il y a de pis ; ne badinez pas avec les inquisiteurs : dites que vous avez péché par sottise, que vous avez regret de vos paroles, mais ne niez pas ce blasphème et votre irrévérence. — Pablo, reprit-elle avec effroi, si je dis que j'ai regret de mes paroles, me puniront-ils ? — Non, ils vous absoudront. — Alors j'ai regret, mais de quoi ? Dites-le moi, car je ne le sais pas, aussi vrai que je désire le repos éternel pour ceux que j'ai perdus. — Est-il possible que vous ne le sachiez pas ? Je ne sais comment vous le dire, car l'irrévérence est telle, qu'elle me fait trembler. Ne vous souvenez-vous pas que vous avez dit à vos poulets *pie, pie ?* Pie est le nom de plusieurs papes, vicaires de Dieu et chefs de l'Église ; ce péché vous semble-t-il peu de chose? »

La pauvre femme resta comme morte. « Pablo, me dit-elle, c'est vrai, je l'ai dit ; mais puisse Dieu ne pas me pardonner si je l'ai dit avec malice. J'en ai regret; vois s'il y a quelque moyen qui puisse me sauver d'être accusée, car je mourrai si je me vois à l'Inquisition. — Si vous jurez sur un autel consacré que vous n'y avez pas mis de malice, je pourrai assurément ne pas vous accuser; mais il est nécessaire que vous me donniez ces deux poulets qui ont mangé quand vous les avez appelés du très-saint nom des pontifes; je les porterai à un familier pour qu'il les brûle, parce qu'ils sont damnés, et après cela vous jurerez de ne plus recommencer d'aucune manière[1]. — Eh bien, Pablo, me dit-elle toute joyeuse, emporte-les tout de suite ; demain je jurerai. — Ce qui est le pis, ajoutai-je pour la persuader encore plus, ce qui est le pis, Cyprienne — elle se nommait ainsi — c'est que je cours des dangers, car le familier me demandera si c'est moi, et il pourra me faire quelque avanie ; portez-les vous-même, car, en vérité, j'ai peur. — Pablo, reprit-elle en entendant cela, aie pitié de moi pour l'amour de Dieu : porte-les, il ne peut rien t'arriver. »

Je me fis prier beaucoup, et enfin, — c'était ce que je voulais, — je me déterminai ; je pris les poulets, j'allai les cacher dans ma chambre, je feignis de sortir, puis je revins. « Cela s'est mieux passé que je ne croyais, lui dis-je ; le bon petit familier voulait venir avec moi pour voir la femme, mais je l'ai gentiment entortillé et j'ai arrangé l'affaire. »

Elle me donna mille embrassades et un autre poulet pour moi. J'allai avec lui rejoindre ses compagnons, et je fis faire chez un pâtissier une fricassée que je mangeai avec les autres valets. La gouvernante et don Diégo apprirent la plaisanterie, et toute la maison s'en amusa fort. La pauvre Cyprienne en eut à la fin tant de chagrin, qu'elle en pensa mourir, et, dans sa colère, elle fut à deux doigts de dévoiler mes rapines ; mais son propre intérêt la retint.

Une fois brouillé avec elle, je ne pouvais plus la tromper; je cherchai donc quelque autre moyen de m'amuser, et, pour cela, je m'étudiai à ce qu'on appelle, en termes d'étudiants, *courir quelque chose.*

Il m'arriva en ce genre les aventures les plus plaisantes. Passant un soir, vers les neuf heures, dans la grande rue, et il s'y trouvait peu de monde à ce moment, j'aperçus une boutique de confiseur, et sur l'étalage une caisse de raisins. Je prends mon vol, je m'approche, je saisis la boîte et me mets à courir. Le confiseur s'élance à ma poursuite; avec lui ses serviteurs et ses voisins. J'étais chargé, et bien que j'eusse de l'avance, je vis qu'ils allaient m'atteindre. Au détour d'une rue, je jette la boîte à terre; je m'assieds dessus, j'enveloppe rapidement ma jambe avec mon manteau, et je me mets à crier, en la tenant à deux mains : « Holà ! Dieu lui pardonne, il a marché sur moi! »

Ils m'entendirent et accoururent ; alors, je me mis à dire : « Très-sainte mère de Dieu !..... ». et le reste de la prière du soir. Le confiseur et les autres accouraient tout furieux : « Frère, me dirent-ils, un homme n'a-t-il point passé par ici? — Il est en avant, répondis-je ; il m'a marché sur la jambe; mais loué soit le Seigneur ! »

Ils gagnèrent au pied là-dessus, et s'éloignèrent. Resté seul, j'emportai la boîte au logis, et je racontai l'affaire. Les camarades me félicitèrent beaucoup, mais ne voulurent pas croire que cela me fût arrivé de la sorte ; je les invitai donc à venir le lendemain soir me voir courir quelque autre boîte.

Ils vinrent au rendez-vous ; ils remarquèrent que les boîtes étaient dans l'intérieur de la boutique, et qu'on ne pouvait les prendre avec la main ; ils jugèrent donc la chose impossible. D'ailleurs, le confiseur, averti par ce qui était arrivé à son confrère aux raisins, se tenait sur ses gardes. J'arrive, et, à douze pas de la boutique, je mets à la main mon épée, qui était un fort estoc. Je m'élance vers la boutique, en criant : « Meurs ! » et je porte une pointe vers le confiseur. Il se laisse tomber en demandant confession ; je pique une boîte, je l'enfile de mon épée et je m'en vais avec elle. Les camarades étaient ébahis de mon adresse, et mouraient de rire de voir le confiseur qui demandait qu'on l'examinât, disant que sans doute je l'avais blessé ; que j'étais un homme avec lequel il avait eu une querelle. Mais, en levant les yeux, et en reconnaissant le désordre que l'enlèvement d'une boîte avait mis parmi les autres, il devina la ruse, et se mit à se signer de telle sorte, qu'on crut qu'il n'en finirait pas. J'avoue que jamais succès ne me fit plus de plaisir. Les camarades disaient qu'à moi seul je pouvais soutenir la maison avec ce que je courais, ce qui est la même chose que voler, à mot couvert.

J'étais jeune, et les éloges qu'on donnait à mon adresse m'excitaient chaque jour à de nouvelles espiègleries. J'ai volé aux couvents de nonnes je ne sais combien de tasses et de petits pots, et quand j'allais y demander à boire, je ne rendais jamais le vase dans lequel on me servait. C'est à cause de mes larcins que ces dames ne donnent plus rien maintenant sans gage [2].

Enfin, je promis à don Diégo et à tous ses amis d'enlever, un soir, les épées de la ronde elle-même. Nous convînmes d'un jour, et nous nous rendîmes tous ensemble au lieu choisi. Je marchais en avant, et, dès que j'avisai la justice, j'allai à elle, tout agité, avec un autre valet du logis.

« Est-ce la justice ? demandai-je. — C'est elle, répondit-on. — Est-ce le corrégidor ? — C'est lui. » Je me jetai à genoux. « Seigneur, lui dis-je, mon salut, ma vengeance, et l'intérêt de l'Etat sont entre vos mains. Si Votre Grâce veut faire une grande capture, qu'elle daigne me permettre de lui parler un instant à l'écart. »

Il fit ce que je lui demandais, et déjà les archers empoignaient leurs épées, et les alguazils leurs baguettes. « Seigneur, continuai-je, je viens de Séville à la suite de six hommes, les plus criminels du monde, tous voleurs et assassins. L'un d'eux a tué ma mère et un mien frère pour les voler ; j'ai la preuve de ce fait. Avec eux, selon ce que j'ai ouï dire, est un espion français, et, à leurs propos, je soupçonne — ici je baissai la voix — qu'il appartient à Antonio Perez[3]. »

A ces mots, le corrégidor fit un saut en avant. « Où sont-ils ? — Seigneur, dans la maison publique. Que Votre Grâce se hâte : les âmes de ma mère, de mon frère, vous le payeront en prières; et le roi !... — Sus donc, Jésus ! ne perdons pas de temps ; suivez-moi tous ; donnez-moi une rondache.
— Seigneur, repris-je en l'attirant de nouveau à l'écart, Votre Grâce va se perdre si elle agit de la sorte. Il est important que vous entriez tous sans épées, un à un, car ils sont dans des chambres, ils ont des pistolets, et s'ils vous voient entrer avec des épées, comme la justice seule a le droit d'en

porter, ils feront feu. Il vaut mieux n'avoir que des
dagues, et leur saisir les bras par derrière; nous
sommes assez nombreux pour cela. »

Le moyen plut au corrégidor et la capture à faire
l'allécha. Nous approchions ; le corrégidor, prévenu,
ordonna à ses gens de cacher leurs épées sous
l'herbe, dans un champ qui était presque en face de
la maison. Ils le firent et passèrent outre. J'avais
averti mon camarade que voir déposer les épées, les
prendre et gagner le logis devaient être tout un. Il
n'y manqua pas ; quand les recors entrèrent, je passai le dernier, et dès qu'ils furent mêlés parmi les
gens qui étaient là, je leur faussai compagnie. J'enfilai une petite rue qui conduit à la Victoire, et un
lévrier ne m'eût pas atteint. Une fois entrés et ne
voyant rien que des étudiants et des libertins, c'est
tout un, ils se mirent à me chercher et ne me
trouvèrent pas ; ils se doutèrent de la ruse, coururent à leurs épées et n'en virent pas la moitié d'une.

Qui pourrait dire les recherches que firent cette
nuit-là le corrégidor et le recteur ? Ils allèrent dans
toutes les cours, visitèrent tous les lits. Ils vinrent
à notre maison. Pour ne pas être reconnu, je m'étais étendu sur mon lit, un mouchoir autour de la
tête, un cierge d'une main et un crucifix de l'autre;
près de moi un camarade vêtu en clerc, qui m'aidait
à mourir, et les autres récitant les litanies. Le recteur vint et avec lui la justice, et ils sortirent aussitôt, ne pouvant penser qu'ils trouveraient là ce
qu'ils cherchaient. Ils ne regardèrent rien, et mieux,
le recteur me dit un répons. Il demanda si j'avais
déjà perdu la parole : on lui répondit que oui ; et
là-dessus ils s'en allèrent, désespérant de trouver
quelque indice. Le recteur jura qu'il livrerait le
coupable s'il le découvrait, le corrégidor jura de le

pendre, fût-il le fils d'un grand, et moi je me levai.

On s'amuse encore à Alcala de cette mystification. Je ne vous dirai pas, de peur d'être trop long, comment je rendis la place du marché aussi peu sûre que le carrefour d'une forêt; comment je frappai d'impôts les boutiques de drapiers, les magasins d'orfèvres, voire même les étalages des fruitières, car je ne pus jamais oublier l'affront que j'avais reçu de celles de Ségovie, quand je fus roi des coqs. Je pourvus pendant toute l'année la cuisine de notre pension ; je fis payer la dîme aux jardins, aux vignes, aux vergers de tous les environs. Aussi, ces bagatelles et quelques autres me donnèrent la réputation d'un homme actif et subtil entre tous. J'étais le favori des jeunes cavaliers amis de mon maître; et à peine me laissaient-ils à don Diégo, à qui j'accordai toujours, cependant, le respect que je lui devais et le dévouement que méritait son affection pour moi.

CHAPITRE VII.

Don Diégo retourne à Ségovie. Pablo apprend la mort de ses parents et se fait une règle de conduite pour l'avenir.

Au bout de quelque temps, don Diégo reçut de son père une lettre qui en renfermait une seconde pour moi. Cette lettre était d'un mien oncle, nommé Alonso Ramplon, proche parent de toutes les vertus, et fort connu à Ségovie, où il tenait de très-près à la Justice. De toutes les résolutions capitales que celle-ci avait prises depuis quatre ans, pas une ne s'était exécutée sans lui. Il était bourreau, puisqu'il faut dire la vérité; mais un aigle parmi ceux du métier. A le voir à l'œuvre, on avait envie de se laisser pendre.

Voici le contenu de la lettre qu'il m'adressa de Ségovie à Alcala :

« *Mon fils Pablo,* — *c'est ainsi qu'il m'appelait, tant il avait d'affection pour moi,* — *les grandes occupations que me donne, dans la place que je remplis, le service de Sa Majesté, ne m'ont pas permis de vous écrire plus tôt. Si le service du roi a des désagréments, c'est par l'excès du travail; mais j'en suis bien dédommagé par l'obscur bonheur d'être au nombre de ses serviteurs. J'ai le chagrin d'avoir à vous donner des nouvelles peu agréables. Votre père est mort, il y a huit jours, aussi courageusement qu'aucun homme en ce monde; je puis le dire, car c'est moi qui l'ai guindé*[1]. *Il monta sur son âne sans mettre le pied à l'étrier; la jaquette du supplice lui allait comme si elle eût été faite pour lui; en un mot, il avait si bonne prestance, que tous ceux qui le voyaient passer précédé de la croix, le jugeaient digne de sa future élévation. Il allait d'un air délibéré, regardant aux fenêtres, saluant tous ceux qui quittaient leurs affaires pour le voir; deux fois même il se fit la moustache. Il engageait ses confesseurs à se reposer et approuvait ce qu'ils disaient de bon. Arrivé à la croix de bois*[2], *il mit le pied sur l'échelle, ne monta ni trop lentement ni comme un chat, et, rencontrant un échelon brisé, il se retourna vers la Justice et la pria de le faire remplacer pour la prochaine occasion, attendu que tous n'avaient pas son assurance. Je ne puis vous exprimer jusqu'à quel point il plut à tout le monde. Arrivé au haut, il s'assit, rejeta en arrière les plis de son vêtement, prit la corde et se la mit à la gorge. Voyant en ce moment que le théatin voulait* le prêcher, il se retourna vers lui. « Frère, lui dit-il, je le prends pour dit; donnez-moi un peu de Credo et finissons promptement; je ne voudrais pas paraître long.» Ainsi fut fait; il me recommanda de lui mettre son chaperon sur le côté, de lui essuyer la bave, ce que je fis. Il tomba sans ramasser ses jambes et sans faire de contorsions. Il se tint, en un mot, très-gravement; on ne pouvait demander davantage. Je le mis en quatre et lui donnai pour sépulture les grands chemins. Dieu sait quelle peine je ressens de le voir là, tenant table ouverte pour les corbeaux; mais j'espère que les pâtissiers du pays nous consoleront en en mettant quelque peu dans leurs pâtés à quatre sous [3]. Quant à votre mère, bien qu'elle soit encore vivante, je puis presque vous en dire autant. L'inquisition de Tolède l'a fait mettre en prison, parce qu'elle déterrait les morts. Il paraît qu'elle faisait la sorcière, et on a dit que chaque nuit elle embrassait un bouc sur l'œil sans prunelle. On a trouvé dans son logis plus de jambes, de bras et de têtes qu'il n'en faudrait à une chapelle de miracles; on sait qu'elle s'entendait fort bien à faire des contrefaçons de demoiselles. On dit enfin qu'elle a figuré dans un auto-de-fé, le jour de la Trinité, avec quatre cents condamnés à mort. J'en suis bien chagrin, car elle nous déshonore tous, moi surtout, car enfin je suis ministre du roi. De semblables parentés ne me vont pas. Vos parents, mon fils, ont laissé ici je ne sais quelle somme cachée, cela peut monter en tout à quatre cents ducats. Je suis votre oncle, ce que j'ai sera pour vous. Cette lettre reçue, vous pourrez venir ici; avec ce que vous savez de latin et de rhétorique, vous serez un homme unique dans l'art du bourreau. Répondez-moi de suite, et d'ici là que Dieu vous garde.

« De Ségovie, etc... »

Je ne puis nier que cette nouvelle honte me fit

une vive impression, et cependant je me consolai en partie ; — tel est l'effet des vices chez les parents ; les enfants y trouvent une consolation à leurs peines, quelque grandes qu'elles soient. — Je courus trouver don Diégo ; il lisait la lettre de son père qui le rappelait auprès de lui, et qui, informé de mes espiègleries, lui mandait de ne pas m'emmener. Don Diégo me prévint qu'il allait partir, me communiqua ce que lui disait son père et me témoigna son chagrin de se séparer de moi. J'en éprouvais autant. Il m'offrit de me mettre au service d'un gentilhomme de ses amis, mais je le remerciai. « Seigneur, lui dis-je en souriant, je suis tout autre et j'ai d'autres projets : je vise plus haut et je veux une autre autorité ; je suis, à dater de ce jour, chef de famille. » Je lui appris comment mon père était mort, aussi honorablement que l'homme le plus haut placé, comment il avait été découpé, comment on en avait fait de la monnaie, et dans quels termes tout cela m'avait été écrit par mon seigneur et oncle le bourreau, ainsi que la nouvelle de l'emprisonnement de maman. J'ajoutai enfin qu'il me connaissait assez pour que je pusse lui dire tout cela sans honte.

Don Diégo s'affligea beaucoup et me demanda ce que je comptais faire ; je lui communiquai mes projets. Il partit le lendemain fort triste pour Ségovie, et je restai à la maison sans ébruiter ma mésaventure. Je brûlai la lettre de mon oncle, de crainte qu'elle ne fût lue par quelqu'un, si je la perdais, et je commençai mes préparatifs pour me rendre, moi aussi, à Ségovie, où je voulais recueillir mon héritage et connaître ma famille, afin de l'éviter.

CHAPITRE VIII.

Pablo se rend d'Alcala à Ségovie ; ce qu'il lui arrive vers Rejas, où il passe la nuit.

Vint enfin le jour de quitter la meilleure vie que j'aie jamais menée. Dieu sait combien je fus chagrin de quitter des amis si dévoués et si nombreux. Je vendis secrètement le peu que j'avais pour faire ma route, et, à l'aide de quelques fourberies, je parvins à réunir jusqu'à six cents réaux. Je louai une mule, et je quittai le logis sans rien dire et sans autre bagage que mon chapeau.

Comment exprimerai-je le chagrin que ressentit le cordonnier pour ce que je lui devais, les gémissements de la gouvernante pour ses gages que je retenais, la colère de l'hôte pour le loyer de la maison!

L'un disait : « Mon cœur l'avait deviné. » L'autre : « On m'avait bien dit que c'était un maître fourbe et un escroc. » Enfin je partis tellement aimé de tous, que mon absence en laissa une moitié en larmes et l'autre moitié riant de celle qui pleurait.

Je cheminais en songeant à tout cela, lorsqu'au delà de Torote je rencontrai un homme monté sur un mulet de bât. Il causait tout seul avec une grande volubilité, et il était tellement occupé, que j'étais à côté de lui qu'il ne me voyait pas. Je le saluai et il me salua ; je lui demandai où il allait, et dès que nous eûmes échangé quelques réponses, nous nous mîmes à parler de la descente du Turc et des forces du roi. Il prétendit m'exposer comment on pourrait conquérir la Terre sainte et comment on prendrait Alger ; à tout ce qu'il me dit je reconnus que cet homme était un fou politique. Nous continuâmes à causer assez joyeusement, et, d'une chose à l'autre, nous tombâmes sur la Flandre. Arrivé là, il se mit à soupirer.

« Ce pays, s'écria-t-il, me coûte plus qu'au roi ; voici quatorze ans que je médite un expédient qui pacifierait tout s'il était aussi possible qu'il est impossible. — Quelle peut être, lui dis-je, cette chose qui convient tant, qui est impossible et impraticable ? — Qui vous dit qu'elle soit impraticable? reprit-il ; elle est praticable; être impossible, c'est autre chose. Si je ne craignais de vous ennuyer, je vous dirais ce que c'est ; du reste, on le saura, car je compte la faire imprimer avec quelques autres mémoires dans lesquels j'indique au roi deux moyens de réduire Ostende. »

Je le priai de me les faire connaître ; il tira alors de sa poche le plan du fort de l'ennemi et celui du nôtre. « Vous voyez, me dit-il, que toute la difficulté est dans ce petit bras de mer ; eh bien, je donnerais l'ordre de l'épuiser avec des éponges et de le supprimer. »

Cette extravagance m'arracha un grand éclat de rire, et mon homme me regarda en face. « Je n'ai dit cela à personne qui n'ait ri comme vous, tant ce projet fait de plaisir à tout le monde. — Je n'en doute pas, répliquai-je; c'est l'effet tout naturel d'une pensée aussi neuve et aussi judicieuse ; mais songez, je vous prie, qu'à mesure que vous épongerez l'eau, la mer en rapportera tout autant. — La mer ne fera point cela: j'y ai mûrement réfléchi ; j'ai imaginé de creuser le fond de la mer de douze stades sur ce point-là. »

Je ne répliquai rien, de crainte qu'il ne me dît qu'il avait aussi un expédient pour faire descendre le ciel ici-bas. Jamais de ma vie je ne connus un pareil insensé. Il me disait que Juanelo n'avait rien fait de bien [1], qu'il se chargerait de faire monter toute l'eau du Tage à Tolède d'une manière plus facile, et si je voulais savoir comment, que ce serait par enchantement. Avez-vous jamais rien entendu de semblable ? « Du reste, ajouta-t-il, je n'exécuterai rien de tout cela que le roi ne me donne d'abord une commanderie ; je suis très-capable de la régir, et j'ai des titres de noblesse fort honorables. »

Au milieu de ces propos et de ces extravagances, nous arrivâmes à Torrejon, où il s'arrêta, parce qu'il y venait visiter une parente. Je continuais seul ma route, riant comme un fou des singulières rêveries de cet original, lorsque Dieu et ma bonne étoile me firent apercevoir de loin une mule en liberté et près d'elle un homme à pied qui feuilletait un livre, faisait des raies par terre et les mesurait avec un compas. Il passait d'un côté, il sautait de l'autre, et, de temps en temps mettait ses doigts en croix, puis dansait autour de son ouvrage. J'avoue que je n'osai d'abord le regarder que de loin, pensant que c'était un enchanteur, et j'avais peine à me décider à passer. Je me hasardai enfin, et quand je m'approchai il m'entendit. Il ferma son livre, alla chercher sa mule, et, en mettant le pied à l'étrier, il glissa et tomba. Je courus le relever. « Je n'ai pas bien pris, me dit-il, le milieu de la proportion pour faire la circonférence en montant. » Je n'y compris rien et je me doutai de ce qu'il était. Jamais femme n'a mis au monde un homme plus extravagant. A quelques pas de là, il me demanda si j'allais à Madrid

par une ligne droite ou par un chemin circonflexe.
Je ne savais ce que cela signifiait, et je répondis que
je suivais la voie circonflexe. Il me demanda encore
à qui était l'épée que je portais ; quand je lui eus
dit qu'elle était à moi, il la prit et l'examina.
« Ces branches de la garde, dit-il, devraient être
plus grandes, afin de mieux parer les coups de taille
qui se forment sur le centre des estocades. »

Là-dessus, il entama une démonstration si pompeuse et si diffuse, que force me fut de lui demander quel métier il professait. « Je suis, me dit-il, un escrimeur habile par excellence, et je puis le prouver en toute occasion. — Mais en vérité, repris-je en retenant un nouvel éclat de rire, à ce que je vous ai vu faire sur le grand chemin, des cercles, des angles, des lignes, je vous aurais pris plutôt pour un enchanteur. — C'est, me répondit-il, que j'étudiais avec mon grand compas une feinte par le quart de cercle, dont le résultat doit être la mort immédiate de l'adversaire, et je m'occupais à la rédiger en termes de mathématique. — Est-il possible qu'il y ait de la mathématique là dedans ? — Non-seulement de la mathématique, mais encore de la théologie, de la philosophie, de la musique et de la médecine. — Quant à cette dernière, répliquai-je je n'en doute pas, puisqu'il s'agit de tuer [2]. — Ne vous moquez pas, me dit-il, je vous enseignerai tout à l'heure un coup superbe ; parade, riposte à coup de taille en concentrant les spirales de l'épée. — Je ne comprends rien à ce que vous me dites, ni un mot ni l'autre. — Ce livre vous en instruira, répondit-il ; il est intitulé les *Grandeurs de l'Epée ;* il est très-bon et il enseigne des miracles. Je vous le prouverai à Rejas, à la couchée ; nous prendrons deux broches, et vous me verrez faire des merveilles. N'en doutez pas, quiconque lira ce livre tuera tous ceux qu'il voudra. — Ou ce livre, lui dis-je, enseigne à procurer la peste aux hommes, ou bien il a été composé par quelque docteur. — Comment, docteur ! Bien entendu, c'est un grand savant, c'est même plus qu'un grand savant [3]. »

En causant de la sorte, nous arrivâmes à Rejas, et nous nous arrêtâmes devant une hôtellerie. Au moment où je descendais de ma mule, mon compagnon poussa de grands cris. « Faites un angle obtus avec les jambes, ramenez-les en deux lignes parallèles et laissez-vous aller perpendiculairement sur le sol. »

L'hôtelier, qui me vit rire, en fit autant et me demanda si ce cavalier qui parlait de la sorte était Indien. J'en perdais l'esprit. Mon escrimeur s'approcha de l'hôte. « Seigneur, lui dit-il, donnez-moi, je vous prie, deux broches pour deux ou trois angles, je vous les rendrai sur-le-champ. — Jésus ! fit l'hôte, donnez-moi plutôt vos angles, ma femme les fera rôtir ; je n'ai jamais entendu nommer ces oiseaux-là. — Ce ne sont pas des oiseaux, répondit mon original ; voyez un peu, ajouta-t-il en se tournant vers moi, ce que c'est que de ne pas savoir ! Donnez-moi les broches, je ne les veux que pour escrimer, et peut-être ce que vous me verrez faire aujourd'hui vous vaudra-t-il plus que tout ce que vous avez gagné en votre vie. »

Les broches se trouvant occupées, il nous fallut prendre deux cuillers à pot. Jamais on ne vit rien de plus risible au monde. Mon homme faisait un saut et disait : « Avec ce mouvement, j'atteins plus loin et j'arrive aux degrés du profil. » Il faisait un autre saut, et il ajoutait : « Maintenant j'emploie un mouvement ralenti pour tuer au naturel :

ceci est d'estoc, et cela de taille. » Il ne m'approchait pas d'une lieue et tournait autour de moi avec sa cuiller ; comme je ne me tenais pas tranquille, on eût pris cette comédie pour un assaut contre une marmite qui s'enfuit sur le feu. « Voilà seulement le bon système, me dit-il enfin en s'arrêtant, plutôt que toutes les niaiseries qu'enseignent ces misérables maîtres d'escrime qui ne savent que boire. »

Il avait à peine achevé ces mots, que nous vîmes sortir de l'hôtellerie un mulâtre qui montrait les dents. Il avait un chapeau rabattu en parasol, un plastron de buffle sous un pourpoint déboutonné et garni de rubans ; il avait les jambes cagneuses comme l'aigle impérial, le visage traversé d'estafilades, la barbe fourchue, les moustaches en fuseau, et une dague garnie de plus de grilles et de plus de traverses qu'un parloir de nonnes. « Je suis examiné, nous dit-il en regardant la terre, et je porte mon brevet ; par le soleil, qui échauffe les moissons, je mettrai en morceaux quiconque parlera mal de tout bon fils qui professe les armes[4]. »

Redoutant quelque fâcheux événement, je me mis entre eux deux, disant au nouveau venu qu'on ne parlait pas de lui et qu'il avait tort de s'offenser. « Qu'il mette l'épée à la main, s'il en a une, continua-t-il, qu'il laisse là sa cuiller à pot, et nous verrons quelle est la vraie science. — Cet ouvrage l'apprend, dit à haute voix mon pauvre compagnon, en ouvrant son livre : il a été imprimé avec la permission du roi, et je soutiendrai avec la cuiller et sans la cuiller, ici ou ailleurs, que ce qu'il dit est la vérité. Mesurons, si vous en doutez. » Là-dessus, il prit son compas, tira des lignes, et nous dit : « Cet angle est obtus. — Je ne sais ce que c'est qu'angle et obtus, dit le maître en tirant sa dague, je n'ai entendu prononcer pareils mots de ma vie. Place! et avec cette arme je le mettrai en morceaux. »

Il attaqua le pauvre diable, qui se sauva en sautant par toute la maison. « Il ne me blessera pas, nous cria-t-il en passant près de nous ; je lui ai gagné les degrés du profil. »

L'hôte, ses gens et moi, nous mîmes la paix entre eux ; je riais tant que je ne pouvais faire un pas. On nous mit dans une même chambre, le fou et moi; nous soupâmes et nous nous couchâmes.

A deux heures du matin, il se leva en chemise et se mit à parcourir la chambre à tâtons, sautant et disant une foule d'extravagances en langue mathématique. Il me réveilla, puis s'en alla trouver l'hôte et lui demanda de la lumière, en lui disant qu'il avait trouvé pour l'estocade un terme de proportion qui était le segment de la subtendante. L'hôte était furieux et le donnait à tous les diables pour l'avoir réveillé ; il le traita de fou et le mit à la porte. Mon homme revint me trouver ; il me dit que si je voulais me lever, il me ferait voir la ruse si fameuse qu'il avait inventée contre le Turc et ses cimeterres; il disait qu'il voulait aller l'enseigner au roi comme chose très-importante pour les catholiques. Le jour venu, nous nous habillâmes tous et payâmes notre gîte. On réconcilia le fou avec le maître d'armes, qui partit en convenant que le système de mon compagnon avait du bon, mais qu'il ferait plus de fous que d'adroits, parce que la plupart n'y entendaient rien.

CHAPITRE IX

Pablo rencontre un poëte aux approches de Madrid

Je pris le chemin de Madrid, et le fou me dit adieu, parce qu'il suivait une route différente. J'étais déjà à quelque distance, lorsqu'il revint en courant et en m'appelant de toutes ses forces. Nous étions au milieu de la campagne, où personne ne pouvait nous entendre ; il s'en vint me parler à l'oreille.

« Sur votre vie, Seigneur, me dit-il, ne parlez à personne des grands secrets que je vous ai confiés en matière d'escrime ; gardez-les pour vous seul ; vous avez de l'intelligence. » Je lui en fis la promesse, il s'en retourna, et je me mis à rire de cette précieuse confidence.

Je fis plus d'une lieue sans rencontrer personne, songeant aux nombreuses difficultés que je trouverais pour être honnête et vertueux ; car j'avais d'abord à dissimuler l'humble position de mes parents et ensuite à me conduire de manière à faire oublier de qui j'étais issu. J'étais tout heureux d'avoir des pensées aussi sages, et je me disais : « Si je suis vertueux, on devra m'en savoir plus de gré, à moi qui n'ai personne de qui l'apprendre, qu'à tout autre qui l'est par héritage de famille. »

J'allais discourant de la sorte, lorsque je rencontrai un clerc, déjà âgé, qui suivait sur une mule le chemin de Madrid. Nous liâmes conversation, et il me demanda tout aussitôt d'où je venais. — « D'Alcala, lui dis-je. — Que Dieu maudisse d'aussi méchantes gens, s'écria-t-il ; il n'y a pas entre eux tous un seul homme de sens. — Comment, lui demandai-je, pouvez-vous dire pareille chose d'un lieu qui réunit tant de savants? — Des savants! répliqua-t-il, des savants! Voici quatorze ans, seigneur, que je fais à Malahonda, où j'ai été sacristain, des noëls, des chansons de Fête-Dieu, et ils n'ont pas daigné en couronner une seule. Je veux vous convaincre de l'injustice qu'ils m'ont faite, et vous donner un échantillon de mes œuvres. »

Alors il me récita quelques strophes extravagantes et ridiculement rimées. « Peut-on faire mieux ? me dit-il. Croirez-vous que chacune de ces strophes me coûte plus d'un mois de travail et d'étude ?

A ces mots, je ne pus retenir mes rires; ils me sortaient en bouillonnant par les yeux et par le nez. « C'est admirable, lui-dis-je en éclatant ; c'est digne de toute sorte de récompenses, et je n'ai rien lu en ma vie d'aussi gracieux.— En vérité! dit-il aussitôt; eh bien! veuillez écouter maintenant quelques pages d'un petit livre que j'ai fait en l'honneur des onze mille vierges, et dans lequel j'ai consacré à chacune cinquante huitains[1]. C'est riche. »

Je reculai d'épouvante à l'approche de ce demi-million de strophes, et je le suppliai de me donner en place quelque chose dans le genre divin[2]. Il se mit alors à me réciter une comédie qui comptait plus de journées que le chemin de Jérusalem. « — Je l'ai faite en deux jours, me dit-il, en voici le brouillon. » Il me montra une liasse qui n'avait pas moins de cinq mains de papier. Cette comédie avait pour titre *l'Arche de Noé*. Tout s'y passait entre des coqs, des rats, des ânes, des renards et des sangliers, comme dans les fables d'Esope. J'en louai beaucoup le plan et l'idée. « Ceci m'appartient en propre, me dit-il ; on n'a rien encore fait de semblable dans le monde : la nouveauté l'emporte sur tout ici-bas, et si j'arrive à la faire représenter, on en parlera longtemps. — Mais comment pourra-t-on la représenter, lui-dis-je, si vous mettez en scène des animaux qui ne parlent pas ? — C'est là la difficulté, et sans cela ce serait une œuvre incomparable. Mais je songe à en confier les rôles à des perroquets, à des geais, à des pies qui peuvent apprendre à jaser, et j'aurai des singes pour les intermèdes. — Ce sera assurément fort curieux. — J'ai fait des choses bien plus curieuses, continua-t-il, pour une femme que j'aime. Voici neuf cent et un sonnets et douze rondeaux que j'ai composés sur ses jambes. — Les avez-vous vues ? lui demandai-je. — Je ne l'aurais pas osé par respect pour les ordres, que j'ai reçus ; mais mon imagination me les dépeignait. »

J'avoue de bonne foi que quoique j'eusse du plaisir à entendre le sacristain-poëte, j'eus peur de tant de mauvais vers, et je tâchai de mettre la conversation sur d'autres sujets. « — J'aperçois un lièvre, lui disais-je. — Je puis vous citer, me répondit-il à l'instant, un sonnet où je compare ma maîtresse à cet animal. — Voyez-vous, reprenais-je en l'interrompant, cette étoile qui se montre en plein jour ? — Après le sonnet du lièvre, disait-il, je vous dirai le trentième, dans lequel je l'appelle étoile. »

J'étais au désespoir de penser que je ne pouvais rien nommer qui ne lui eût fourni matière à quelque disparate, et je me crus sauvé lorsque nous approchâmes des faubourgs de Madrid, espérant que la crainte d'être entendu lui imposerait silence. Ce fut tout le contraire ; dès que nous fûmes dans la rue, il éleva la voix pour faire connaître ce qu'il était. Je le suppliai de se taire, lui disant que si les enfants sentaient le poëte, il n'y aurait pas de trognon de chou qui ne vînt sur ses pieds à notre adresse. J'ajoutai que depuis peu de temps un poëte renégat, qui avait renoncé aux muses pour mener une vie raisonnable, avait lancé contre ses confrères une pragmatique qui les déclarait fous. Notre homme me demanda de lui lire cette pragmatique si je l'avais ; je lui promis de la lui communiquer quand nous serions à l'hôtellerie. Nous en joignîmes une où il avait coutume de descendre. A la porte se trouvaient plus de douze aveugles, qui reconnurent à l'instant le sacristain, les uns à l'odeur, les autres à la voix. Ils poussèrent de grands cris pour lui souhaiter la bienvenue, et le brave homme les embrassa tous. L'un lui demanda une oraison pour le *juste juge* en vers graves et sentencieux, prêtant aux gestes et à l'action ; d'autres lui demandèrent des complaintes pour les âmes du purgatoire, et chacun lui donna huit réaux pour arrhes. « Savez-vous, me dit-il quand il les eut congédiés, que ces aveugles vont me rapporter plus de trois cents réaux ; aussi, avec votre permission, je vais me retirer pendant quelques instants pour leur faire une partie de ces oraisons ; puis, après dîner, vous me lirez la pragmatique. »

O vie misérable ! Il n'en est pas de plus triste que celle des fous qui trouvent leurs ressources à exploiter la folie des autres.

CHAPITRE X.

Pablo va de Madrid à Cerecedilla, où il couche, et de Cerecedilla à Ségovie, où il rencontre son oncle.

Le poëte se retira quelques moments à l'écart, afin de méditer des hérésies et des pauvretés pour ses aveugles. Le dîner vint et ensuite on me demanda de lire la Pragmatique. Je la transcris ici parce qu'elle m'a paru très-sensée et qu'elle remplit parfaitement le but cherché par son auteur. La voici :

PRAGMATIQUE

Contre les poëtes creux, stériles et vaniteux

Ce titre fit pousser au sacristain un grand éclat de rire.

Je passe la préface et j'arrive au premier chapitre :

« Considérant qu'il existe une espèce de vermisseaux qui sont de notre race et chrétiens, quoique mauvais, et qu'on appelle poëtes; considérant que tant que dure l'année ils adorent des sourcils, des dents, des rubans et des pantoufles, commettant d'autres péchés d'égale énormité, ordonnons, lorsque viendra la semaine sainte, qu'on ramasse tous ces poëtes publics et rôdeurs comme on fait des mauvaises femmes, qu'on s'efforce de leur démontrer l'erreur dans laquelle ils vivent et de les convertir. Il leur sera ouvert à cet effet des maisons de repentis.

» *Item,* considérant que les grandes chaleurs habituelles aux temps de canicule font éclore les intarissables strophes des poëtes du soleil, aussi facilement qu'elles cuisent les raisins et les prunes sur les claies, imposons aux poëtes un silence absolu sur les choses du ciel, et de peur qu'ils ne s'épuisent par trop d'abondance, ordonnons qu'il y aura des mois interdits aux Muses, comme il en est à la chasse et à la pêche.

» *Item*, considérant que cette infernale secte d'hommes, condamnés à perpétuelle conception, dépéceurs de vocables, retourneurs de raison, a communiqué aux femmes cette infirmité de poésie, déclarons que nous nous tenons quittes, envers celles-ci, par ce mal, de celui qu'elles nous ont fait au commencement du monde. Et attendu que le monde est pauvre et nécessiteux, ordonnons que les strophes des poëtes soient brûlées comme vieilles frangés, afin d'en retirer l'or, l'argent et les perles que les poëtes y mettent pour fabriquer leurs dames de tous métaux. »

Ici le sacristain m'interrompit et se levant : « Non pas, s'écria-t-il, plutôt nous ôter la vie. N'allez pas plus loin ; j'en appellerai à mes juges directs, ainsi que je le dois à mon habit et à ma dignité, et j'y dépenserai, s'il le faut, tout ce que je possède. Je prouverai que les poésies d'un poëte-clerc ne peuvent être soumises à une telle pragmatique ; je veux tout de suite m'en expliquer avec la justice. »

J'avais bien envie de rire; mais pour ne pas perdre de temps à discuter, je lui dis qu'il ne s'agissait là que d'une pragmatique de fantaisie, sans force, sans valeur et sans autorité. « Pécheur que je suis, me dit-il tout ému, croyez bien que vous me sauvez de la plus grande inquiétude qui soit au monde. Savez-vous ce que ce peut être, pour un homme qui compte huit cent mille strophes, que d'entendre ce que vous venez de dire ? Continuez, et Dieu vous pardonne la frayeur que vous m'avez faite. » Je repris ainsi qu'il suit :

« *Item*, considérant qu'après avoir été Maures, et ils en ont encore quelques restes, ils se sont faits bergers ; que maintenant les troupeaux s'en vont tout décharnés, à force de ne boire que leurs larmes ; tout desséchés parce qu'ils ont l'âme en feu ; tellement stupéfiés par cette musique monotone qu'ils ne savent plus paître, leur ordonnons de cesser cette pratique ; disons que pour ceux qui aiment la solitude il y a des ermitages, que pour les autres, qui ont l'esprit plus alerte, ils peuvent se faire garçons muletiers. »

« C'est quelque fils de garce, quelque cornu, quelque bougre, quelque juif qui a ordonné cela, s'écria le sacristain, et si je le connaissais, je lui ferais une satyre qui lui cuirait à lui et à tous ceux qui la liraient. Voyez un peu, comme cela conviendrait à un homme sans barbe, comme je le suis, un ermitage ! Et comme cela irait à un homme de chœur, à un sacristain, d'être garçon d'écurie ! Allons donc, Seigneur, ce sont là de grandes sottises. — Mais, ne vous ai-je pas dit, lui répliquai-je, que ce ne sont que des plaisanteries et que vous ne devez pas les prendre autrement ? » Je continuai :

« *Item*, pour prévenir de grandes fraudes, défendons de faire passer des poésies d'Aragon en Castille, ni d'Italie en Espagne, sous peine, pour le poëte qui les aurait faites, d'être bien vêtu, et, s'il récidive, d'être propre pendant une heure. »

Ceci convint davantage au sacristain, parce qu'il avait une soutane à cheveux blancs tant elle était vieille, et tellement crottée que pour s'enterrer il n'y avait qu'à se la brosser au-dessus de la tête ; avec son manteau on aurait pu fumer deux héritages. Tout en riant, j'ajoutai que la pragmatique ordonnait aussi que les poëtes désespérés qui se pendent ou qui se précipitent, et qui pour ce motif ne sont pas reçus en terre sainte, fussent mis avec les femmes qui se prennent d'amour stérile pour eux.

« *Item*, considérant la grande abondance de rondeaux, de romances, de sonnets, qui s'est présentée dans ces dernières années trop fertiles, ordonnons que les liasses qui n'auront pas été jugées dignes d'aller chez les épiciers soient mises sans appel au cabinet. »

Arrivé là je passai, pour en finir, au dernier chapitre :

« Mais, considérant avec des regards de pitié qu'il y a dans la République trois classes d'individus tellement misérables qu'ils ne peuvent vivre sans ces poëtes, et ce sont les comédiens, les aveugles et les sacristains, ordonnons qu'il y ait quelques représentants de cet art, pourvus de cartes d'examen délivrées par leurs caciques, qui seront spécialement attachés à ces classes d'individus; à la condition, toutefois, que les poëtes de comédiens ne termineront plus leurs intermèdes par des coups de bâton ou des scènes de diables, ni leurs comédies par des mariages; que les poëtes d'aveugles ne mettront pas leurs aventures à Tétuan, et qu'ils écriront en langage compréhensible; que les poëtes de sacristains ne joueront pas sur les mots et ne feront pas des cantiques de rechange qui servent à chaque fête, rien qu'en remplaçant le nom du saint. Enfin, nous ordonnons à tous les poëtes en général de se déshabituer de Jupiter, de Vénus, d'Apollon et des autres Dieux, sous peine de n'avoir pas d'autres avocats à l'heure de la mort. »

Cette pragmatique égaya fort tous ceux qui en entendirent la lecture, et plusieurs m'en demandèrent des copies. Sur ce, le sacristain se mit à jurer par les vêpres, les introïts et les kyriés, disant que c'était une satyre contre lui, et qu'il savait mieux que personne ce qu'il avait à faire. « Moi, ajouta-t-il, qui ai demeuré dans la même hôtellerie que Lignan et qui ai dîné plus de deux fois avec Espinel ; moi qui me suis trouvé à Madrid aussi près de Lope de Vega que je le suis de vous ; qui ai vu don Alonso de Ercilla mille fois ! Savez-vous que j'ai chez moi un portrait du divin Figueroa et que j'ai acheté les grègues que quitta Padilla lorsqu'il se fit moine[1]? Je les porte encore, ces grègues, quelque mauvaises qu'elles soient ; les voici. »

En parlant de la sorte, le brave sacristain nous exhiba ses culottes, et tous ceux qui étaient là se mirent à rire de telle sorte qu'ils ne voulaient plus s'en aller de l'hôtellerie. Cependant, il était près de deux heures ; j'avais du chemin à faire avant la couchée ; je dis adieu au sacristain, et, mon écot payé, je me remis en route.

Je suivais le chemin qui conduit au port de Guadarrama[2], lorsque Dieu, qui craignait sans doute que la solitude ne me donnât de mauvaises pensées, me fit rencontrer un soldat. Nous nous saluâmes avec la plus grande politesse, et la connaissance ne fut pas longue. Il me demanda si je venais de la capitale ; je lui répondis que je n'avais fait qu'y passer. « C'est tout ce qu'elle mérite, me dit-il aussitôt ; ce pays ne convient qu'à des gens de rien. J'aime mieux, j'en jure par le Christ, être à un siége, comptant les heures dans la neige jusqu'à la ceinture et mangeant du bois, que de supporter les injustices dont on abreuve les gens de bien en ce pays-là. — Il y a de tout à Madrid, seigneur soldat, lui répondis-je ; on sait y faire grand cas des gens de mérite. — Grand cas ! reprit-il d'un ton courroucé ; voilà six mois que j'y sollicite inutilement

une enseigne, après vingt années de service, apr
avoir perdu mon sang au service du roi, comme c
blessures en font preuve. »

En même temps, il me découvrit sa cuisse droit
pour me faire voir une cicatrice d'un pouce de long
c'était une plaie de furoncle, aussi vrai que le sole
brille. Il m'en montra ensuite deux autres à ses
talons, en me disant que c'étaient des coups de feu;
j'en avais deux semblables produites par des engelures. Il ôta son chapeau et me fit voir une estafi-
lade qui lui partageait le nez, puis trois autres balafres qui se dessinaient sur sa figure comme les degré
d'une mappemonde. « J'ai reçu tout cela à Paris,
me dit-il, pour le service de Dieu et du roi ; et pour
toutes ces taillades de ma face, je n'ai obtenu que
de belles paroles, ce qui ne vaut pas plus que de
mauvaises actions. Lisez ces papiers, seigneur ; par
la vie du licencié ! jamais homme, vive Dieu!
jamais homme aussi signalé, j'en adjure le Christ!
n'a fait semblables campagnes. »

Jamais aussi signalé, le soldat disait vrai, car il
l'était à coups de couteau. Alors il me tira d'une
boîte de fer-blanc des papiers qui sans doute avaient
appartenu à un autre dont il prenait le nom. Je les
lus et lui fis mille compliments, jurant que ni le
Cid ni Bernardo n'avaient rien fait en comparaison
de lui. Il sauta à ces mots. « Comment, en com
paraison ! s'écria-t-il ? Dites encore, par Dieu ! ni
Garcia de Paredès, ni Julian Romero, ni tant d'autres braves. En dépit du diable, il n'y avait pas
d'artillerie alors, et je jure Dieu que Bernardo ne
pourrait pas tenir une heure de ce temps-ci. Si vous
allez en Flandre, mon jeune seigneur, faites-vous raconter les exploits du Brêche-Dent, et vous verrez ce
qu'on vous dira. — Est-ce donc vous ? lui demandai-je.

— Eh ! qui donc serait-ce si ce n'était moi ? Ne voyez-vous pas cette brèche dans ma mâchoire ? N'en parlons pas davantage, il ne sied pas à un homme de chanter ses propres louanges. »

En discourant de la sorte, nous rencontrâmes un ermite monté sur un âne et portant une barbe qui lui descendait jusqu'aux genoux ; il était vêtu de drap gris et paraissait exténué. Nous le saluâmes avec le *Deo gratias* accoutumé. Il nous fit admirer les blés de la campagne, et prit texte de là pour louer la miséricorde du Seigneur. « Ah ! mon père, interrompit le soldat en sautant, j'ai vu venir sur moi les piques plus épaisses que ces épis ; je jure le Christ que j'ai fait tout ce que j'ai pu au sac d'Anvers ; oui, certes, je jure Dieu... »

L'ermite le pria de ne pas jurer autant. « On reconnaît bien, mon père, que vous n'avez pas été soldat, puisque vous me reprochez ce qui est mon état. »

J'éclatai de rire en voyant en quoi il faisait consister l'art militaire, et je ne doutai plus que ce ne fût quelque coquin, car il n'est point d'habitude plus détestée parmi les soldats de cœur et de mérite, si elle ne l'est parmi tous.

Nous arrivâmes aux gorges du port ; l'ermite récitait ses prières sur un chapelet qui valait son pesant de bois et qui ressemblait à un jeu de boules ; le soldat, de son côté, comparait les rochers aux châteaux qu'il avait vus ; il en examinait le côté fort et le côté faible, et indiquait où il faudrait y placer de l'artillerie. Je les regardais tous deux et je craignais autant le rosaire de l'ermite avec ses grains énormes que les mensonges du soldat. « Oh ! disait celui-ci, comme je ferais sauter avec de la poudre une partie de cette gorge !

7

Quel grand service je rendrais aux voyageurs ! »

A Cerecedilla, où nous arrivâmes au sortir des gorges et à la chute du jour, nous entrâmes tous les trois dans une hôtellerie où nous demandâmes à souper. C'était un vendredi. « Amusons-nous un peu en attendant, dit l'ermite, car l'oisiveté est la mère de tous les vices ; jouons des *Ave Maria*. » Et il tira de sa manche un jeu de cartes. La proposition me fit rire, et je regardais les grains du chapelet. « Jouons plutôt amicalement, dit le soldat, jusqu'à cent réaux que j'ai sur moi. — J'en risquerai autant, m'écriai-je, alléché par l'espoir du gain. »

L'ermite accepta pour ne pas nous désobliger. « J'ai sur moi, dit-il, l'huile de la lampe [8], qui monte à environ deux cents réaux. »

Je me flattai d'être la chouette qui lui boirait son huile, mais je souhaite au Turc que tous ses projets réussissent de la sorte. Nous choisîmes le lansquenet, et, ce qu'il y eut de bon, c'est que l'ermite feignit de ne pas le connaître et nous pria de le lui enseigner. L'innocent homme nous laissa faire deux levées, après quoi il nous mena de telle sorte, qu'il fit en peu d'instants table nette. C'était pitié de voir comme le fripon raflait tout du creux de sa main et recueillait de notre vivant notre héritage ; il avait perdu une bagatelle pour nous la reprendre avec tout le reste. A chaque coup, le soldat lâchait un torrent de jurons, de malédictions et de blasphèmes. Moi, je me rongeais les ongles, pendant que le frère usait les siens sur ma monnaie ; il n'y avait pas de saint que je n'invoquasse.

L'honnête homme nous pluma complétement ; il m'enleva six cents réaux, tout ce que j'avais, et au soldat les cent qu'il avait offerts. Nous lui proposâmes de continuer sur gages ; il répondit que ce n'avait été qu'un passe-temps, que nous étions son prochain et qu'il ne voulait pas nous gagner davantage. « Je vous donnerai maintenant un conseil, ajouta-t-il : ne jurez plus ; voyez, je me suis recommandé à Dieu, et cela m'a porté bonheur. »

Nous ne soupçonnions pas l'habileté de ses doigts et nous le crûmes ; le soldat jura, mais de ne plus jouer jamais, et je fis comme lui. « Vive Dieu ! disait le pauvre sergent, — il me confia que c'était là son grade, — je me suis vu au milieu des luthériens et des Maures, et jamais je n'ai été dépouillé de la sorte. »

L'ermite se mit à rire et retourna à son rosaire ; moi, qui n'avais plus un maravedis, je lui demandai de nous faire souper et de nous défrayer tous les deux jusqu'à Ségovie, puisque nous étions à sec. Il me le promit et commanda soixante œufs pour notre souper. Puis il demanda à se coucher.

On nous mit dans une salle commune parce que les chambres de l'hôtellerie étaient occupées. Je me couchai fort triste ; le soldat appela l'hôte, le pria de lui garder ses papiers avec la boîte de fer-blanc qui les renfermait et un paquet de chemises hors de service. L'ermite se recommanda à Dieu pendant que nous le recommandions au diable, et s'endormit. Je restai éveillé quelques instants encore, cherchant un moyen de lui reprendre mon argent, et le sergent ronfla bientôt, rêvant à ses cent réaux.

Avant le jour, le sergent, éveillé le premier, demanda de la lumière, appela l'hôte et lui réclama ses papiers ; mais voici que l'hôte lui rendit seulement son paquet. Ce fut une scène terrible autant que comique. Le pauvre sergent réclamait ses services. L'hôte tout troublé lui demanda quel service il voulait ; le soldat, en chemise, l'épée à la main, remplissait la maison de ses cris et poursuivait l'hôte en menaçant de le tuer, lui reprochant de s'être moqué de lui, disant qu'il avait été à la bataille navale, qu'il s'était battu à Saint-Quentin et ailleurs. Nous faisions tout notre possible pour le retenir. L'hôte répondait qu'il n'avait pas compris, qu'il ne savait pas qu'en langage soldatesque on appelât services les papiers qui constatent les hauts faits. Enfin, le tumulte se calma et les papiers furent rendus. L'ermite, fort inquiet, était resté au lit, disant que ce tumulte lui avait fait mal. Enfin, il paya pour nous, et nous continuâmes ensemble notre route, fort mécontents, le Brèche-Dent et moi, d'avoir perdu notre argent et de n'avoir pu le reprendre.

En chemin, nous rencontrâmes un Gênois, un de ces antechrists des finances d'Espagne, qui montait au port suivi d'un page portant son parasol. Il avait l'air fort riche. Nous liâmes conversation avec lui; tout pour lui était matière à maravedis ; cette race-là est née pour nos bourses. Il se mit à parler de Besançon, à se demander s'il fallait ou non donner de l'argent à Besançon. Il en parla tant, que le soldat et moi lui demandâmes quel était ce cavalier. Il se mit à rire et nous dit que Besançon était une ville d'Italie où se réunissaient les gens d'affaire, ceux que nous appelons les négociants de plume, ceux qui déterminent le prix que vaut la monnaie. Il causa beaucoup avec nous, nous disant qu'il était perdu, parce que dans un change on l'avait frustré de plus de soixante mille écus, ce qu'il nous affirmait sur sa conscience ; mais la conscience des marchands, c'est comme virginité de perruche, qui se vend sans y être. Pas un des hommes de ce métier n'a de conscience. Ils ont entendu dire qu'elle mord beaucoup, et ils s'arrangent pour la laisser là, en naissant, avec le cordon ombilical.

Avec toutes ces conversations nous arrivâmes en vue de Ségovie ; mes yeux s'en réjouirent, malgré ma mémoire qui ne fut pas d'accord avec mon cœur, au souvenir du martyre souffert chez Cabra. J'arrivais du reste un peu méconnaissable de ce que j'étais en partant ; j'avais grandi, j'étais bien vêtu, et ma barbe commençait à poindre.

A la porte de la ville, mon cœur se serra, parce que je vis mon père qui attendait sur le côté du chemin. Je passai en me signant, je pris congé de mes compagnons de route et je m'acheminai seul à travers la ville, ne sachant à qui, à part le gibet, je pourrais m'informer de mon oncle. Je m'adressai à plusieurs, et personne ne put me répondre ; Alonso Ramplon leur était inconnu. J'éprouvai un instant de bonheur de rencontrer à Ségovie autant d'hommes de bien.

J'en étais là, lorsque, dans une rue voisine, j'entendis le précurseur des hautes œuvres qui jouait du gosier [4] ; je devinai que mon oncle faisait des siennes. Je vis venir en effet une procession d'hommes nus jusqu'à la ceinture et sans capuchon, marchant devant mon oncle, qui, un fouet à la main, chantonnait une chaconne en s'accompagnant sur le dos de cinq de ces malheureux instruments à corde [5]. Je regardais défiler ce cortége, avec un individu auquel je m'étais donné pour un noble cavalier ; l'oncle lève les yeux en passant auprès de moi, il me voit, s'avise de me reconnaître et se jette à mon cou en m'appelant son neveu. Je crus que j'allais mourir de honte, et je n'osai me retourner pour prendre congé de mon voisin. « Viens avec moi, me dit mon oncle, et quand j'en aurai fini avec ces gens-là, nous rentrerons ensemble et tu dîneras avec moi. » Moi qui étais à cheval et qui au milieu de cette bande aurais eu l'air d'un peu moins que ces pauvres battus, je répondis à mon oncle que j'aimais mieux l'attendre ; il me quitta et me promit de me reprendre en passant. J'étais si confus de cette rencontre, que si le recouvrement de mon bien n'avait pas dépendu de lui, je ne l'aurais revu de ma vie. Mon oncle acheva de donner le compte à ses patients, revint me chercher et me conduisit chez lui, où nous allâmes dîner.

CHAPITRE XI.

Pablo est parfaitement reçu par son oncle, qui le présente à ses amis. Il recueille son héritage et reprend le chemin de la capitale.

C'ÉTAIT dans la maison d'un porteur d'eau, près de l'abattoir, que demeurait mon bon oncle ; nous entrâmes. « Mon logis n'est pas un palais, me dit-il ; mais je vous assure, neveu, qu'il convient parfaitement à mes affaires. »

Nous montâmes par un escalier semblable à celui de la potence, et dans lequel je m'engageai avec inquiétude, ne sachant ce qui m'adviendrait en haut. Nous pénétrâmes dans une chambre si basse, qu'il fallait presque y marcher la tête courbée comme les gens qui reçoivent la bénédiction. L'oncle accrocha son fouet à un clou parmi d'autres auxquels pendaient des cordes, des liens, des couteaux, des crochets et d'autres instruments du métier. J'étais tout honteux d'une semblable réception et d'un aussi triste spectacle ; je n'étais pas au bout. « Tu n'ôtes pas ton manteau ? me dit mon oncle. Assieds-toi donc. — Merci, mon oncle, lui répondis-je tout préoccupé, je n'en ai pas l'habitude. — Sais-tu que tu as du bonheur de m'avoir rencontré en semblable occasion ? Tu dîneras bien ; j'ai des amis que je traite aujourd'hui, de bons vivants, avec lesquels tu seras enchanté de faire connaissance. »

En ce moment la porte s'ouvrit, et je vis entrer l'un des amis de mon oncle. C'était un de ces hommes qui s'en vont par les rues quêtant pour les âmes du purgatoire ; il était vêtu d'une grande robe violette qui lui descendait jusqu'aux pieds, et portait à la main une tirelire qu'il faisait sonner. « Mes âmes, dit-il à mon oncle, m'ont autant rapporté aujourd'hui qu'a toi tes fouettés ; nous pouvons nous donner la main. »

Ils se prirent tous deux la barbe, et l'homme aux âmes, retroussant sa robe et montrant des jambes cagneuses couvertes de grègues de toile, se mit à danser en demandant si Clemente était venu. « Pas encore, dit mon oncle. »

Au même instant parut, enveloppé dans un capuchon et chaussé de sabots, un chansonnier de glands, je veux dire un porcher. Je le reconnus, — pardonnez-moi le mot, — à la corne qu'il portait à la main ; il aurait dû l'avoir à la tête, pour être selon l'usage. Le porcher nous salua à sa manière. Derrière lui venait un mulâtre manchot et louche ; il avait un chapeau plus large qu'un parasol, plus élevé qu'un noyer, une épée avec plus de gardes que dans la maison du roi, et un justaucorps de buffle. Il avait un visage de marque, car il était tout faufilé d'estafilades. Il entra, salua tout le monde et prit place. « Sur ma foi, Alonso, dit-il à mon oncle, vous avez reçu ce matin bonne paye de deux de vos patients, le manchot et le filou. — J'avais, parbleu, bien donné quatre ducats[1] à Frechilla, le bourreau d'Ocagna, dit en sautant le frère quêteur, pour qu'il aiguillonnât son âne et qu'il ne prît pas son fouet à trois brins, lorsqu'il fut chargé de me caresser l'échine. — Vive Dieu ! fit l'homme à la grande épée (c'était un recors) j'avais mieux payé que cela Lobresno à Murcie ; mais la bourrique n'en imitait pas moins le pas de la tortue, et le gueux m'appliqua ses coups de fouet de telle sorte, que j'en revins couvert d'ampoules. — C'est mal, dit mon oncle, et surtout ce n'est pas loyal. — Mes épaules, s'écria le porcher en les secouant, ont encore leur virginité. — A chaque porc vient sa Saint-Martin, répondit le frère quêteur. — Je puis me vanter, reprit mon bon oncle, que de tous ceux qui manient l'escourgée je suis le plus consciencieux ; je ne donne que ce que je dois au patient qui se recommande à moi. Ceux d'aujourd'hui m'ont donné soixante réaux, et ils ont été fouettés en amis avec mon fouet le plus innocent. »

Quand j'eus reconnu quelle honorable société recevait mon oncle, je me mis à rougir, et il me fut impossible de le dissimuler. Le recors s'en aperçut. « Est-ce là, dit-il à mon oncle, le jeune clerc qui a pâti l'autre jour et à qui vous avez renfoncé les épaules ? »

Je répondis que je n'étais pas homme à être traité de la sorte. Mon oncle se leva. « C'est mon neveu, répondit-il ; il est maître ès sciences à Alcala et grand suppôt de l'université. »

Le recors m'offrit ses excuses, et les deux autres me firent les plus grandes politesses. Quelle honte ! avec quelle impatience j'attendais le dîner, mon argent et le moment de quitter mon oncle !

On mit la table, puis l'un des convives, attachant un chapeau au bout d'une corde, comme font les prisonniers pour demander l'aumône, le descendit à une gargotte qui était au-dessous du logis de mon oncle, et le ramena avec le dîner servi dans des morceaux de plat, des assiettes écornées et des tessons de cruche. Je laisse à penser combien j'étais humilié. On prit place autour de la table, le quêteur au haut bout et les autres sans ordre. Je ne saurais dire ce que nous mangeâmes ; c'étaient toutes choses propres à faire boire ; il n'y avait pas trace d'eau et personne n'en demanda. Il nous vint d'en bas cinq petits pâtés à quatre sous ; l'un des convives prit un goupillon, on leva les croûtes, et tous dirent un répons et un *requiem eternam* pour l'âme du défunt à qui cette chair pouvait avoir appartenu. « Vous vous souvenez, neveu, me dit mon oncle, de ce que je vous ai écrit au sujet de votre père ? » Je m'en souvins en effet ; je laissai les autres manger, et maintenant encore, quand je vois des petits pâtés, je récite un *Ave Maria* pour l'âme du malheureux. Le recors, le quêteur, burent de telle sorte et perdirent tellement la tête, que l'un prit un plat de saucisses, qui étaient noires, il est vrai, comme des doigts de nègres, pour des mèches d'artificier.

Ce fut bientôt une orgie digne du lieu et des gens ; tous criaient à la fois ; le porcher faisait plus de bruit que sa corne ; le recors jurait par tous les saints du martyrologe ; mon oncle chantait un cantique ; il avait la voix rauque, un œil à moitié endormi et l'autre qui nageait dans le vin. Le quêteur, disant que l'anis était bon pour faire boire, prit une poignée de sel et l'avala tout entière. Il y avait là une écuelle d'un liquide ayant quelque apparence de bouillon : le porcher s'en empara à deux mains ; mais, au lieu de la porter à sa bouche, il la dirigea vers sa joue et s'inonda de bouillon de la tête aux pieds. Il se leva brusquement en s'appuyant sur la table ; la table, qui n'était pas solide, chavira et tomba sur les autres. Alors grands cris et grand bruit. Le porcher allégua pour excuse qu'il avait été poussé par le quêteur, celui-ci lui donna un démenti, et tout aussitôt ils en vinrent aux mains. Le porcher tapait avec sa corne, le quêteur avec ses poings, qui n'étaient pas moins durs ; un haut-le-corps prit au porcher, et il vomit tout ce qu'il avait mangé au nez de son adversaire. L'oncle, et c'était le moins ivre de la compagnie, disait qu'il n'avait jamais vu tant de monde chez lui.

Moi, voyant que les coups se multipliaient, je séparai les deux combattants. L'archer était dans un coin fort tranquille et pleurant à chaudes larmes, parce qu'il avait le vin triste, et mon oncle, qui se confondait en salutations à un chandelier de bois qu'il prenait pour un convive, se laissa pousser sur son lit où bientôt il reposa. J'ôtai la corne au porcher, qui voulait toujours y souffler, prétendant que personne ne savait se servir de cet instrument comme lui.

Dès que le calme fut revenu et que j'eus vu les convives endormis, je les laissai là et je passai toute l'après-dînée à parcourir ma ville natale. J'allai chez Cabra, et j'appris que le licencié était mort. Je ne demandai pas de quoi, sachant qu'il y a la faim de par le monde.

A la nuit, quatre heures après, je retournai à la maison, et je trouvai l'un des convives qui se promenait à quatre pattes en cherchant la porte et en disant qu'il n'y en avait plus dans la maison. Je le

relevai et lui montrai le chemin. Les autres ne se
réveillèrent pas avant onze heures de la nuit. L'un
demanda quelle heure il était. Le porcher répondit
que c'était l'heure de la sieste et qu'il faisait bien
chaud. Le quêteur demandait son capuchon, et, s'étant levé, au lieu d'aller à la porte il alla à la fenêtre,
et voyant des étoiles, il appela les autres, disant que
le ciel était étoilé en plein midi et qu'il y avait une
éclipse. Tous se signèrent et baisèrent la terre. Cette
sottise me scandalisa beaucoup, et je me promis de
me garder de vivre avec de pareilles gens, et de rechercher les hommes bien élevés. Je parvins à les
congédier tous, et, resté seul avec mon oncle, qui
n'était pas complétement ivre, je le forçai à se déshabiller et à se coucher. Je m'étendis sur quelques
vieilles hardes dans un coin, et nous passâmes ainsi
la nuit.

Le lendemain matin je témoignai à don Alonso
l'impatience que j'éprouvais de recueillir mon héritage; il me répondit qu'il était rompu et qu'il ne savait pas de quoi. Il tira une jambe, puis se leva, et
nous parlâmes de mes affaires. J'eus de la peine,
parce qu'il avait la tête dure. Cependant il se rendit
à mes raisons et me fit connaître que je trouverais,
non plus quatre cents, mais trois cents ducats, que
mon père avait gagnés de ses propres mains et qu'il
avait confiés à une bonne femme, à l'ombre de laquelle on volait à dix lieues à la ronde. Je lui sus gré
de ne l'avoir ni bu ni mangé : c'était beaucoup de la
part d'un homme aussi abruti; mais il s'était dit
qu'avec cet argent je pouvais travailler, subir des
examens, me faire graduer, devenir même cardinal;
il croyait cela facile, lui qui faisait tant de cardinaux [2]. « Pablo, mon fils, me dit-il lorsque j'eus
empoché le magot, tu auras grand tort si tu ne pro-

fites pas et si tu n'es pas honnête homme, car tu as de qui tenir. Te voilà riche pour quelque temps, je suis là pour le reste ; ce que j'ai et ce que je gagne, je te le destine. »

Je le remerciai vivement de ses offres. Nous employâmes la matinée à faire des projets et à visiter ses convives de la veille. Mon oncle, le porcher et le quêteur passèrent la soirée à jouer aux osselets ; c'était pour eux un moyen comme un autre de boire, et ils burent comme de coutume. Nous rentrâmes, mon oncle et moi ; il avait son lit, et il m'avait procuré un matelas.

Au point du jour, pendant que mon oncle dormait encore, je me levai sans bruit, je sortis sans qu'il m'entendît, je fermai la porte en dehors et rejetai la clef dans l'intérieur par une chatière. Je courus me réfugier dans une hôtellerie située à l'autre bout de la ville, afin d'attendre une occasion pour aller à Madrid. Je lui laissai dans sa chambre une lettre fermée dans laquelle je lui annonçais mon départ ; je lui en disais les motifs, et je le priais de ne pas me chercher, parce que j'étais résolu à ne plus le voir.

CHAPITRE XII.

Fuite de Ségovie. Une belle rencontre et une belle connaissance.

Un muletier partait le matin même de l'hôtellerie, avec des bagages, pour Madrid. Il avait un âne que je lui louai, et j'allai l'attendre à la sortie de la ville. Je me mis en route, résolu de faire peau neuve en touchant le pavé de Madrid, où personne ne me connaissait, ce qui m'allait à merveille ; de tirer parti de mon industrie et de mon intelligence, de laisser là l'habit de l'université pour endosser l'habit court et le costume à la mode. Mais voyons un instant ce que faisait mon oncle en prenant connaissance de ma lettre, que voici :

Seigneur Alonso Ramplon, Dieu m'a fait plusieurs grâces signalées ; il a rappelé à lui mon bon père ; il a renfermé ma mère a Tolède, d'où elle ne sortira probablement qu'en fumée ; il ne me manque plus que de voir faire de votre personne ce que vous faites de celles des autres. Je veux et prétends être le seul de ma race ; deux, c'est impossible, à moins que je ne tombe entre vos mains et que vous ne me mettiez en plusieurs morceaux comme votre frère. Ne vous tourmentez pas de moi : je veux oublier que le même sang coule dans nos veines. Dieu vous garde ; servez-le, ainsi que le roi.

Je n'ai pas besoin de dire quelle fut la colère de mon oncle en lisant cette lettre et quels blasphèmes il proféra.

Je reviens maintenant à mon voyage : je trottais sur mon roussin de la Manche, désirant fort ne rencontrer personne, lorsque j'aperçus venant vers moi, cheminant à pied et à pas comptés, un gentilhomme de bonne mine, botté et éperonné, les chausses relevées, l'épée ceinte, le manteau rejeté sur l'épaule, un collet de dentelle formant l'éventail, le chapeau sur le côté de la tête, en un mot, d'une tenue parfaite. Je pensai que c'était quelque noble cavalier qui avait laissé sa voiture en arrière, et je le saluai poliment en passant près de lui. « Seigneur licencié, me dit-il en m'examinant, vous êtes plus à votre aise sur cette bourrique que je ne le suis avec tout mon élégant appareil. — En vérité, seigneur, lui répondis-je, croyant qu'il voulait parler de son équipage et de ses laquais, ma monture est d'une plus douce allure que la voiture, et quelque commode que soit celle que Votre Grâce laisse derrière elle, on doit y souffrir encore des cahots et des secousses de nos mauvais chemins. — Quelle voiture me suit ? » reprit-il d'un air fort surpris.

En parlant de la sorte, il se tourna brusquement pour regarder en arrière, et ce mouvement ayant rompu un cordon, le seul qui retînt ses chausses, elles lui tombèrent sur les talons. Je faillis mourir de rire à ce spectacle imprévu ; mais le noble cavalier, ne se déconcertant pas, me pria de lui prêter une aiguillette. Je m'approchai de lui : je vis qu'il n'avait qu'une bande de chemise par devant et rien qu'un demi-rideau par derrière. « Pour Dieu, seigneur, lui dis-je, Votre Grâce fera bien d'attendre ses valets, car je ne puis lui porter secours, je n'ai qu'une seule aiguillette. — Si vous voulez vous moquer de moi, me répondit-il sa culotte à la main, à la bonne heure ; mais je ne comprends rien à votre histoire de valets. »

Je devinai enfin que c'était un pauvre diable, et au bout d'une demi-lieue que nous fîmes côte à côte, il m'avoua que si je ne lui faisais la charité de le laisser monter un instant sur mon âne, il lui serait impossible de gagner la couchée, tant il était fatigué de marcher en tenant ses grègues. Emu de compassion, je mis pied à terre ; mais, comme il n'avait pas les mains libres, je fus obligé de le hisser sur la bête, et, dans ce mouvement, je fis de nouvelles et plus effrayantes découvertes : dans toute la partie de derrière que couvrait le manteau, les crevés de son vêtement n'avaient que la peau pour doublure. Dès que mon homme se vit démasqué,

il prit bravement son parti. « Seigneur licencié,
me dit-il, tout ce qui reluit n'est pas or. A mon
collet de passement, à ma prestance, vous avez dû
croire que j'étais un comte d'Irlos[1]. Combien y a-
t-il dans ce monde de gens qui couvrent ainsi de
haillons ce que vous avez touché ! — En effet, seigneur, lui répondis-je, je m'étais figuré tout autre
chose que ce que je vois. — Vous n'êtes pas encore
au bout, répliqua-t-il ; vous pouvez voir sur moi
tout ce que je possède, je n'ai rien de caché. Vous
avez devant vous, seigneur, un véritable hidalgo de
droit et de fait, de manoir et de souche montagnarde[2], et si la noblesse me soutenait comme je
la soutiens, je n'aurais plus rien à désirer. Mais,
seigneur licencié, sans pain et sans viande on ne
peut faire de bon sang ; aussi celui qui n'a rien ne
peut être le fils de quelque chose[3]. Je suis bien revenu des titres de noblesse depuis qu'un jour que
j'étais à jeun on ne voulut pas, dans une gargote,
me donner seulement deux bouchées en échange de
mes titres, et sous le prétexte qu'ils n'avaient pas de
lettres d'or[4]. L'or sur les pilules vaut mieux que
les lettres en or, il produit davantage, et il y a peu
de lettres aujourd'hui qui vaillent de l'or. Enfin,
seigneur, j'ai vendu jusqu'à ma sépulture, je n'ai
pas une palme de terrain sur laquelle je puisse
tomber mort. Les biens de mon père don Torribio
Rodriguez Vallejo Gomez de Ampuero, — il portait tous ces noms, — ont disparu dans une banque-
route ; il ne m'est resté à vendre que le *don*, et je
suis assez malheureux pour ne trouver personne qui
en veuille, car chacun aujourd'hui se le donne gratis,
et ceux qui ne l'ont pas avant leur nom le mettent
après, tels que les seigneurs Bourdon, Cardon,
Gordon, Coridon et tant d'autres[5]. »

Le pauvre hidalgo racontait ses tristes aventures d'une manière si plaisante, que je m'en amusai beaucoup. Je lui demandai comment il se nommait, où il allait et ce qu'il faisait. « Je porte, me dit-il, tous les noms de mon père et plus encore : don Torribio Rodriguez Vallejo Gomez de Ampuero et Jordan. »

Il était, du reste, peu de noms qui sonnassent mieux ; celui-ci commençait par *don* et finissait par *dan*, comme le son des cloches. « Je vais à Madrid, ajouta-t-il ; un fils aîné de famille, aussi râpé que moi, ne peut pas tenir deux jours dans un petit pays ; dans la capitale, au contraire, le centre et la patrie de tous, il y a table ouverte pour les estomacs aventuriers ; dès que j'y suis, j'ai toujours cent réaux dans ma bourse, un lit, un dîner, voire même quelques plaisirs défendus. L'industrie, dans la grande ville, est comme la pierre philosophale, elle change en or tout ce qu'elle touche. »

A ce langage, je vis le ciel s'ouvrir, et, par forme de conversation, pour charmer les ennuis de la route, je priai l'hidalgo de me raconter comment et avec qui vivaient dans la capitale ceux qui, comme lui, n'avaient rien, car il me semblait également difficile de se contenter de ce qu'on avait et de se procurer ce qui appartenait aux autres. « Ces deux métiers, me dit-il, ont, mon enfant, de nombreux adeptes ; l'adresse est une clef souveraine, elle ouvre toutes les volontés. Vous me croirez sans peine quand je vous aurai raconté ma manière de vivre et les ressources auxquelles j'ai recours ; écoutez-moi, et vous n'aurez plus aucun doute.

CHAPITRE XIII.

Pablo et le gentilhomme continuent leur chemin. L'histoire et les mœurs d'une bande d'hidalgos aventuriers.

Dans la capitale, mon enfant, tout est confondu, les extrêmes se touchent, le plus spirituel et le plus sot, le plus riche et le plus pauvre ; les méchants s'y cachent, les bons y sont inaperçus ; enfin, on y rencontre plusieurs classes d'individus comme moi, auxquels on ne connaît ni biens, ni meubles, ni relations, ni origine. Nous nous distinguons entre nous sous divers noms ; nous avons les chevaliers de rencontre, les malotrus, les bavards, les exténués, les affamés ; c'est l'industrie qui nous dirige tous ; nous savons par-dessus tout vivre l'estomac vide, car rien n'est pénible comme de n'attendre son dîner que d'autrui[1]. Nous sommes la terreur des festins, la vermine des gargotes, les conviés par force. Nous ne vivons presque que d'air et nous vivons toujours contents ; nous sommes gens à nous suffire d'un poireau, et nous disons ne nous nourrir que de chapons. Si quelqu'un vient nous voir, il trouvera notre appartement rempli d'os de mouton, de volailles, d'épluchures de fruits, la porte embarrassée de plumes et de peaux de lapereaux. Tout cela, nous le ramassons de nuit dans les rues pour en faire étalage de jour ; puis, quand vient notre visiteur, nous nous mettons en colère : « Se peut-il donc que je ne sois pas assez maître chez moi pour obliger cette servante à balayer ? Pardonnez-moi, seigneur ;

des amis ont dîné ici, et ces valets.....» Celui qui ne nous connaît pas prend cela pour argent comptant, et demeure persuadé que nous avons donné un grand repas.

» Vous dirai-je comment nous vivons surtout chez les autres ? Pour peu que nous ayons parlé à quelqu'un une demi-fois, nous savons sa demeure et nous tombons chez lui à l'heure où il se met à table. Nous alléguons pour motif de notre visite l'affection que nous lui portons comme à l'homme du monde le plus aimable et le plus spirituel. S'il se met à table et qu'il nous demande si nous avons dîné, nous répondons franchement que non ; s'il nous invite, nous ne faisons pas de façons et n'attendons pas une seconde invitation, parce que de telles délicatesses nous ont plus d'une fois exposés à jeûner ; s'il a commencé, nous répondons que nous avons dîné ; mais lors même qu'il serait fort habile à découper la volaille, le pain, la viande ou quoi que ce soit, nous trouvons là une occasion toute naturelle d'avaler quelques bouchées. Que Votre Grâce me permette, disons-nous, de lui servir de maître d'hôtel. » Le duc de...., Dieu veuille avoir son âme! — et nous avons grand soin de nommer un duc, ou un comte, ou un marquis parti pour l'autre monde, — prenait plus grand plaisir à me voir découper qu'à manger.

» Cela dit, nous prenons la pièce, un couteau, et nou^s la dépeçons en petits morceaux. Dieu ! que cela sent bon ! nous écrions-nous. Ce serait faire outrage à votre cuisinière que de n'en pas goûter ; c'est une habile femme. Tout en disant cela, nous *goûtons* la moitié du plat, et navet pour navet, porc pour porc, tout passe sous forme d'essai.

» Si de tels moyens nous manquent, nous recourons à la soupe de quelque couvent; c'est une ressource toujours assurée². Nous nous gardons bien de la prendre en public; nous y allons en cachette et nous donnons à croire aux moines que nous agissons plutôt par dévotion que par besoin. Il faut voir l'un de nous dans une maison de jeu; il rend à tous de petits soins, il mouche les chandelles, il distribue des cartes, il apporte les vases de nuit, il chante la bonne fortune de celui qui gagne, tout cela pour un triste réal d'étrenne³.

» Nous sommes d'une rare habileté pour tout ce qui regarde notre toilette, et pas un fripier ne nous en remontrerait. De même qu'il y a des heures consacrées à la prière, nous en avons aussi pour nous rapetasser. Dieu sait avec quelle adresse nous opérons. Nous tenons le soleil pour notre ennemi déclaré, car il rend visibles nos pièces, nos reprises et nos déchirures; le matin, nous nous plaçons devant ses rayons, le dos tourné et les jambes écartées, et nous voyons se projeter sur le sol l'ombre de nos haillons, les effilures produites par l'usure et par le frottement. Alors nous faisons la barbe à nos chausses avec des ciseaux. C'est surtout entre les jambes que s'use ce vêtement; aussi enlevons-nous habilement des régions de derrière les morceaux nécessaires aux régions de devant; il ne nous reste plus guère que la doublure aux parties ainsi dégarnies, mais le manteau seul en est témoin, et nous nous gardons de coups de vent, d'escaliers éclairés ou de promenades à cheval. Nous étudions nos postures à contre-jour; à la lumière, nous marchons les jambes serrées, nous ne faisons de révérences qu'avec les chevilles, car, si nous écartions les genoux, on découvrirait le fenêtrage de notre costume.

» Nous n'avons rien sur le corps qui n'ait été au

tre chose et qui n'ait toute une histoire. Pour preuve, voyez ce pourpoint ; il est fils d'une paire de grègues, petit-fils d'une cape et arrière-petit-fils d'une capuche, souche de la famille ; il se transformera sans doute en semelles de bas et en beaucoup d'autres petites choses. Mes chaussons furent des mouchoirs, qui furent des essuie-mains, qui avaient été des chemises, issues de draps de lit. Devenu chiffons, tout cela se transforme en papier, sur le papier nous écrivons, puis nous en faisons de la cendre pour reteindre les souliers ; nous en avons vu d'incurables revenus à la vie par de semblables moyens.

» Le soir, nous fuyons les lumières, de crainte qu'on ne voie que nos manteaux sont chauves et nos pourpoints imberbes. Hélas ! ils n'ont pas plus de poil qu'un caillou ; Dieu a jugé à propos de nous en donner au menton et de le refuser à nos habits. Nous ne mettons jamais le pied chez les barbiers, et, pour éviter la dépense, nous nous rasons les uns les autres, suivant le précepte de l'Évangile : *Aidez-vous comme de bons frères.* Nous avons grand soin de ne pas fréquenter les mêmes maisons que nos camarades, et de nous informer, avant de contracter une nouvelle relation, si nous n'allons pas sur les brisées de l'un des nôtres. Nous y mettrions bientôt la famine, avec la rage d'estomac qui nous possède tous.

» Nos statuts nous obligent à monter à cheval par les rues de la ville une fois par mois, ne fût-ce que sur un âne, et une fois par an en voiture, quand ce ne serait que sur le coffre de devant ou sur le marchepied de derrière. Si notre heureuse étoile nous donne place dans l'intérieur de la voiture, nous avons bien soin de nous mettre à la portière, la tête toute en dehors, saluant tout le monde afin d'être remarqués, parlant à tous nos amis, à toutes nos connaissances, même à ceux qui ne nous voient pas.

» Si nous éprouvons des démangeaisons devant des dames, nous imaginons une multitude de moyens pour nous gratter sans qu'on s'en aperçoive. Si c'est à la cuisse, nous racontons que nous avons vu un soldat percé d'outre en outre à cet endroit; nous portons la main à la place qui nous démange et nous nous grattons comme pour indiquer la blessure. Si nous sommes à l'église et que ce soit à la poitrine, nous disons le *Mea culpa*, lors même qu'on n'en serait qu'à l'*Introïbo*. Si c'est au dos, nous nous adossons à un pilier, nous feignons de nous lever pour voir quelque chose, et nous nous frottons.

» Au mensonge maintenant ! Jamais il ne sort de vérité de notre bouche; nous entremêlons notre conversation de ducs, de comtes, les uns comme amis, les autres comme parents, en ayant soin de dire qu'ils sont tous morts ou fort éloignés. Jamais, notez bien cela, nous ne nous amourachons que *de pane lucrando* ; nous fuyons les dames qui font les sucrées, quelque jolies qu'elles soient; nous ne faisons de cour assidue qu'aux cabaretières pour notre pitance, aux hôtelières pour notre logis, aux blanchisseuses pour nos collets et nos fraises; ce sont des créancières peu exigeantes, et, quelle que soit notre manière de payer, elles sont satisfaites.

» Vous voyez mes bottines; croiriez-vous qu'elles sont à cru et à poil sur mes jambes, sans bas ni autre intermédiaire ? A voir ce col, pouvez-vous penser que je n'ai point de chemise ? Un cavalier peut se passer de bas et de chemise, seigneur licencié, mais d'un collet ouvert et amidonné, jamais. D'abord, parce que c'est un élégant ornement pour sa personne ; ensuite, parce qu'après l'avoir porté des deux côtés, après l'avoir tourné et retourné, il trouve dans l'amidon, en le suçant avec soin, un aliment fort convenable. En un mot, seigneur licencié, un cavalier de notre ordre doit être aussi gros de besoins qu'une femme enceinte de neuf mois, et il vit ainsi au milieu de notre capitale. Tantôt il est dans la prospérité, roulant sur l'or; tantôt il est sur un lit d'hôpital; après tout, il vit, et celui qui sait se tirer d'affaire est le roi du peu qu'il possède. »

Les étranges doctrines de l'industrieux cavalier, cette manière originale de vivre, me frappèrent et m'étonnèrent de telle sorte, que, tout en riant et tout en devisant, nous arrivâmes jusqu'à las Rosas, où nous passâmes la nuit. J'engageai l'hidalgo à souper avec moi, car il n'avait pas un blanc[4], et d'ailleurs je me sentais redevable envers lui pour ses théories et ses conseils, qui m'avaient ouvert les yeux sur bien des choses et me donnaient un goût fort prononcé pour cette existence aventurière.

Je lui fis part de mes résolutions avant que de nous coucher; il m'embrassa mille fois, me disant qu'il n'avait jamais douté que ces préceptes ne produisissent une vive impression sur un homme d'autant de sens que moi. Il m'offrit ses services pour m'introduire à Madrid au milieu de ses confrères en industrie, et l'hospitalité chez eux. J'acceptai, et j'eus bien soin toutefois de ne pas lui faire connaître ma petite fortune, si ce n'est cent réaux, qui suffirent, avec les services que je lui avais rendus et que je lui rendais encore, à m'acquérir son amitié. J'achetai pour lui à notre hôtelier trois aiguillettes, avec lesquelles il se rattacha. Nous passâmes une bonne nuit, nous nous levâmes de bonne heure, et nous lançâmes joyeusement sur la route de Madrid.

CHAPITRE XIV

Ce qui advient à Pablo le jour de son arrivée à Madrid.

Nous fîmes notre entrée à Madrid à dix heures du matin, et nous allâmes descendre tout droit au logis des amis de don Torribio. Nous arrivâmes à la porte, il frappa. Une petite vieille, bien vieille et bien pauvrement couverte, vint nous ouvrir. L'hidalgo demanda ses amis ; la vieille répondit qu'ils étaient allés chercher leur vie. Nous restâmes seuls jusque vers midi, passant notre temps, lui à me vanter les charmes de la vie à bon marché, moi à tout étudier.

A midi et demi, je vis entrer une espèce de spectre, portant de la tête aux pieds une longue soutane noire, plus râpée que sa conscience. Don Torribio et lui parlèrent quelques instants en jargon de Bohême[1] ; puis, le nouveau venu vint m'embrasser et m'offrir ses services. Après quelques instants de conversation, l'homme à la soutane tira de sa poche un gant dans lequel étaient seize réaux, puis une lettre à l'aide de laquelle il disait avoir recueilli cette somme (c'était une autorisation de quêter pour une pauvre femme) ; il vida son gant, en tira un autre et les plia ensemble comme font les médecins. Je lui demandai pourquoi il ne les mettait pas ; il me répondit qu'ils étaient tous deux de la même main ; moyen habile d'avoir des gants. Je m'aperçus que, bien que rentré au logis, il conservait son petit manteau et que sa soutane restait fermée ; j'étais nouveau, j'avais tout à apprendre ; je lui demandai donc pourquoi il s'enveloppait avec tant de soin. « Mon fils, me répondit-il, j'ai au dos de ma soutane une énorme chatière, une pièce d'étamine blanche, et une tache d'huile ; ce morceau de manteau cache tout cela, et je puis sortir de la sorte. »

-Alors, il jeta bas son manteau, et je remarquai que sous sa soutane il portait une espèce de paquet ; je pensai que c'étaient des chausses, c'en était presque l'apparence ; mais quand il se retroussa pour aller s'épouiller, je reconnus que ce vêtement nouveau était deux rouleaux de carton qu'il portait attachés à sa ceinture et qui lui enveloppaient les cuisses de manière à remplir le vide de son costume et à suppléer à l'absence de la chemise et des grègues, meubles qui lui paraissaient tout à fait étrangers...... Il entra dans l'épouilloir, et pour qu'il n'y vînt personne, il retourna une pancarte qui se trouvait à la porte, comme il y en a dans les sacristies, et qui disait : « Il y a quelqu'un qui s'épouille. » Je louais Dieu en voyant quel don il a fait à l'homme en lui donnant l'industrie après lui avoir ôté la richesse.

« J'arrive de voyage, disait mon camarade et introducteur, avec une grande maladie à mes chausses, et je voudrais bien me mettre à les raccommoder. Avons-nous ici quelques morceaux convenables ? — Seigneur, lui répondit la vieille, qui consacrait chaque semaine deux journées à ramasser des chiffons par les rues pour traiter les maladies incurables de ses maîtres, seigneur, nous n'en avons pas un seul de votre couleur, et voici quinze jours que, faute de morceaux, don Lorenzo Iniguez de Pedroso reste dans son lit avec une grave maladie de pourpoint. »

Sur ces entrefaites, parut un nouveau camarade ; il avait des bottes de voyage, un habillement gris et un chapeau à larges bords relevés des deux côtés. Les deux premiers lui dirent le motif de ma présence ; il vint à moi et me parla avec beaucoup d'affection. Il quitta son manteau, sous lequel il portait un pourpoint en drap gris par devant et toile blanche par derrière. Je me mis à rire. « Vous vous ferez aux armes, me dit-il avec le plus grand sang-froid, et vous ne rirez plus ; je parie que vous ne savez pas pourquoi je porte ainsi mon chapeau avec l'aile relevée ? — C'est par galanterie sans doute et pour mieux attirer les regards. — Au contraire, reprit-il, c'est pour les détourner ; sachez que mon chapeau n'a pas de coiffe, et que de la sorte je dissimule cette lacune. »

Disant cela, il tira de ses poches une vingtaine de lettres et autant de réaux, en disant qu'il n'avait pu faire une distribution complète. Ces lettres étaient toutes écrites de sa main et signées chacune d'un nom imaginaire ; elles étaient taxées à un réal de port ; elles renfermaient des choses insignifiantes, des nouvelles de peu d'importance, et étaient adressées à des personnes de qualité. Notre aventurier les portait lui-même à domicile, réclamant pour chacune un réal de port, en se gardant bien de se présenter plus d'une fois par mois chez les mêmes personnes. J'étais tout ébahi.

En ce moment entrèrent deux autres membres de la société. L'un portait un pourpoint de drap à la vallonne fort large, une cape de même étoffe, avec le collet relevé, afin de cacher sa collerette qui était déchirée. Ses hauts-de-chausses étaient en camelot, du moins la partie apparente, car le reste était en serge rouge. Il se querellait avec l'autre, qui avait un rabat en place de collet, des poires à poudre en guise de manteau[2], une béquille, une jambe enveloppée de chiffons et de peaux, parce qu'il n'avait de chausse que pour l'autre jambe. Il se disait soldat et il l'avait été, mais, sans aucun doute, au plus loin des lieux où il y avait du danger. A l'entendre, il avait rendu de grands services, il avait eu d'étranges aventures, et son titre de vieux soldat lui donnait entrée partout. « Vous m'en devez la moitié, disait l'homme au large pourpoint, ou tout au moins une grosse part, et si vous ne me la donnez pas, je jure Dieu... — Ne jurez pas Dieu, interrompit le soldat, car une fois au logis je ne suis plus boiteux, et je vous prouverai, avec cette béquille, que je ne suis pas manchot. — Vous me la donnerez. — Je ne vous la donnerai pas. »

Et avec les injures accoutumées, tous deux s'attaquèrent, et leurs vêtements volèrent en lambeaux au premier choc. Nous accourûmes pour mettre le holà et nous demandâmes le sujet de la querelle.

« Vous voulez rire, reprit le soldat ; vous n'aurez rien de moi, je vous l'atteste, pas même la moitié. Vous saurez, seigneurs, qu'au moment où nous étions à San Salvador, un petit garçon, s'adressant à ce malheureux, lui demanda si je n'étais pas l'enseigne Juan de Lorenzana. Celui-ci, remarquant que l'enfant portait quelque chose, lui répondit affirmativement. « Lieutenant, me dit-il en me l'amenant, voyez ce qu'on vous veut. » Je compris, et je dis à l'enfant que j'étais bien celui vers qui il était envoyé, et il me remit un paquet renfermant douze mouchoirs que sa mère adressait à quelqu'un de ce nom. Maintenant celui-ci m'en demande la moitié ; on me mettrait plutôt en morceaux : mon nez seul usera ces mouchoirs. »

La cause fut jugée en sa faveur quant à la propriété, mais non pas quant à l'usage, car on décida que les mouchoirs seraient remis à la vieille pour le service de la communauté, et qu'il en serait fait des bouts de manche destinés à représenter des chemises, les statuts de l'ordre défendant de se moucher[a].

La nuit venue, nous nous couchâmes tous ensemble, et si serrés que nous ressemblions à une collection d'instruments de barbier dans un étui. Nous avions volontairement oublié de souper ; plusieurs se couchèrent sans quitter leurs vêtements. En se couchant ainsi qu'ils allaient de jour, ils n'enfreignaient pas le précepte qui prescrit de se deshabiller pour se coucher.

CHAPITRE XV

Qui fait suite au précédent, avec d'autres événements curieux.

Dieu daigna faire luire le jour, et nous nous mîmes tous sous les armes. J'étais déjà aussi accoutumé à mes nouveaux camarades que s'ils eussent été mes frères. — Il n'y a jamais tant d'intimité et d'affection que lorsqu'il s'agit de faire le mal. — Il fallait voir l'un se mettre la chemise en douze fois, ou mieux en douze morceaux, récitant une prière à chacun comme le prêtre qui s'habille ; l'autre qui égarait une de ses jambes dans les défilés de ses chausses et qui la retrouvait dans des endroits où il n'était pas convenable qu'elle se montrât ; un autre demandait un guide pour entrer dans son pourpoint, et en une demi-heure il n'en pouvait trouver le véritable chemin.

Cela fait, et ce ne fut pas petit spectacle, tous prirent des aiguilles et du fil, l'un pour reprendre une déchirure au pourpoint d'un camarade, l'autre pour se recoudre lui-même un accroc sous le bras. Tel, à genoux et courbé comme un Z, raccommodait ses chausses ; tel encore, qui se mettait une pièce entre les jambes, était roulé comme un œuf et la tête entre les cuisses. Jamais Bosco[1] ne peignit de plus étranges postures. La vieille allait de l'un à l'autre, donnant à chacun des matériaux, des chiffons, des pièces de toutes couleurs dont elle avait fait collection dans les rues. L'heure du rapiéçage passée, — c'est ainsi qu'ils l'appelaient, — ils se passèrent en revue les uns les autres, afin de reconnaître si quelque chose clochait encore ; puis ils se disposèrent à sortir. Je demandai alors qu'on me désignât un costume, désirant y consacrer les cent réaux que j'avais et me débarrasser de ma soutane. « Non pas, dirent-ils ; votre argent sera versé à notre caisse ; nous trouverons un costume pour vous dans notre réserve, et nous vous assignerons un quartier de la ville dans lequel vous seul aurez le droit de quêter et de gruger. »

Je trouvai la proposition bonne ; je déposai l'argent, et en un instant ma soutane fut coupée, raccourcie et transformée en un pourpoint de deuil ; mon manteau fut diminué de moitié, et, en échange de tous les morceaux, on me donna un vieux chapeau reteint, auquel on mit pour ornement quelques cotons d'encrier fort coquettement arrangés. On m'enleva mon collet, puis mes culottes vallonnes, à la place desquelles on me fit mettre des chausses

lacées ornées de crevés qui n'étaient pas par devant;
les côtés et le fond étaient garnis en chamois. On
me donna des demi-bas de soie qui étaient tout au
plus des quarts de bas, car ils m'arrivaient à grand
peine à quatre doigts du genou. On m'ajusta enfin
un col décoré d'une foule de jours accidentels.
« Ce col est défectueux par derrière et sur les
côtés, me dit-on en me le mettant. Si une personne
seule vous regarde, tournez-vous vers elle comme si
elle était le soleil et que vous fussiez l'héliotrope ;
si elles sont deux, battez en retraite et faites face ;
pour celles qui sont derrière vous, ayez toujours
votre chapeau sur l'occiput, de sorte que ses ailes
vous couvrent les épaules et vous découvrent le
front ; si quelqu'un vous demande pourquoi vous
vous mettez de la sorte, répondez que vous voulez
être pour tout le monde à visage découvert. »

On ajouta à mon équipement une petite boîte
contenant du fil noir, du fil blanc, de la soie, de la
ficelle, une aiguille, un dé, un peu de drap, de toile,
de satin et d'autres chiffons, puis un couteau. On
me fourra dans la ceinture une rapière, puis de
l'amadou et un briquet dans une bourse de cuir.
« Avec cette boîte, me dit-on, vous pouvez parcourir le monde sans avoir besoin ni d'amis ni de
parents ; elle renferme toutes nos ressources ; prenez
et gardez-la. »

On me donna à exploiter le quartier de San Luis ;
mais, en ma qualité de novice et pour faire ma première journée, on me donna pour initiateur et pour
parrain, comme au prêtre qui dit sa première messe,
le cavalier qui m'avait enrôlé et introduit.

Nous quittâmes le logis à pas lents, nos rosaires
à la main, et nous prîmes le chemin du quartier
qui m'était assigné, faisant des politesses à tout le

monde. Aux hommes nous ôtions le chapeau, — nous eussions mieux aimé leur ôter le manteau ; — aux femmes, nous faisions de profondes révérences. Les femmes aiment les révérences, et les Paternités encore plus. Mon brave Mentor avait un mot aimable pour tous ceux qu'il rencontrait ; il disait à l'un : « Demain on m'apporte de l'argent, je vous attends. » A l'autre : « Ayez patience un jour encore ; mon banquier me paye en paroles, mais il y viendra. » Celui-ci lui demandait son manteau, celui-là lui réclamait sa ceinture, à quoi je reconnus qu'il n'avait rien qui fût à lui.

Nous allions en serpentant d'un côté à l'autre de la rue, afin de ne point passer devant la boutique de quelque créancier. L'un réclamait à don Torribio le loyer de son appartement, l'autre le loyer de son épée, tel celui de ses draps ou de ses chemises ; le pauvre homme était des pieds à la tête un cavalier de louage, comme les mules. Au détour d'une rue, nous vîmes venir de loin un homme qui, au dire de mon parrain, lui arracherait les yeux pour certaine dette, faute de pouvoir lui arracher de l'argent ; afin de n'en être pas reconnu, il amena en avant ses cheveux qu'il portait derrière les oreilles, se mit un emplâtre sur un œil et me parla en italien. Il eut le temps de faire tout cela avant l'arrivée de l'autre, qui ne l'avait pas aperçu, et qui était occupé à bavarder avec une vieille. J'eus grande peur lorsque, parvenu auprès de nous, je vis cet homme tourner autour de mon guide comme un chien qui quête, et faire plus de signes de croix qu'un enchanteur ; puis il s'en alla en marmottant : « Bon Dieu ! je croyais que c'était lui, je me suis trompé. Qui a perdu ses bœufs les reconnaît partout. »

La figure de mon ami était des plus plaisantes ;

il entra sous une porte pour replacer sa chevelure et retirer son emplâtre. « Ceci, me dit-il, est un moyen d'éviter un créancier ; apprenez, frère ; vous en verrez bien d'autres. »

A quelques pas de là, nous rencontrâmes au coin d'une rue une brave femme, qui nous donna à chacun et gratis une tranche de conserve et un verre d'eau-de-vie. « Avec cela, me dit-elle, après avoir souhaité la bienvenue à mon conducteur, un homme pris au dépourvu peut se passer de manger tout une journée; il n'a pas de défaillance à craindre. »

Je me sentis fort triste de voir ainsi notre nourriture mise en question, et je répondis qu'une telle perspective faisait beaucoup de peine à mon estomac. « Vous avez bien peu de foi, me répondit-elle; le Seigneur n'a jamais manqué ni aux corbeaux, ni aux geais, ni même aux greffiers ; pourquoi manquerait-il aux pauvres diables qui ont faim ? Vous êtes un homme de peu d'estomac. — C'est vrai, lui dis-je ; mais encore faut-il y mettre quelque chose, et je crains d'y mettre moins que rien. »

Sur ces entrefaites, midi sonna quelque part, et comme j'en étais à mes premières études du métier, mes entrailles ne se trouvèrent pas suffisamment garnies par la conserve, et j'avais faim comme si je n'eusse rien mangé. Je pensai donc qu'il était temps d'y ajouter quelque chose. « Frère, dis-je à don Torribio, la faim est un cruel noviciat ; j'étais accoutumé à manger plus qu'une engelure, et vous m'avez réduit à faire vigile ; vous pouvez ne pas sentir la faim ; il n'y a rien d'étonnant qu'élevé avec elle depuis votre enfance, comme certain roi avec la ciguë, elle vous serve de nourriture ; je ne vous vois pas vous occuper le moins du monde de notre alimentation ; aussi, je vous préviens que j'y vais songer pour ma part. — Corps-Dieu ! répondit-il, il n'est que midi ; pourquoi tant d'empressement? vous avez un appétit bien exact ! Il faut l'habituer à supporter avec patience quelques payements en retard ; voulez-vous donc faire comme les bêtes, manger tout le jour ? Je n'ai lu nulle part qu'un cavalier de notre ordre ait jamais eu une indigestion. Je vous ai déjà dit que Dieu ne fait défaut à personne. Si vous êtes si pressé, venez avec moi, je vais à la soupe de San Geromino ; je connais là quelques bons frères, gras comme chapons, et j'y trouverai à me garnir le jabot. Si le cœur vous en dit, venez ; sinon, que chacun quête pour son compte. — Adieu, lui dis-je ; mes besoins ne sont pas assez petits pour que je me contente des restes des autres ; à chacun son quartier. »

Mon ami s'en alla d'un pas assuré, regardant droit devant lui ; il tira de sa poche une petite boîte ; de cette boîte, des miettes de pain dont il avait toujours provision et dont il saupoudra sa barbe et ses vêtements de manière à faire croire qu'il avait mangé. Moi, je m'en allai en toussant, et en regardant à droite et à gauche, cherchant à dissimuler ma faiblesse, frisant ma moustache, dignement enveloppé de mon manteau, dont le pan me retombait sur l'épaule gauche, et me jouant par contenance avec mon rosaire. A tous ceux qui me voyaient, je faisais l'effet d'un homme bien repu. Je me fiais toutefois à l'argent que j'avais en poche, et j'avais hâte d'en finir avec mon jeûne, mais non sans quelque remords d'enfreindre les statuts de l'ordre en vivant aux dépens de moi-même.

En tournant le coin de la rue San Luis, j'aperçus une boutique de pâtissier. Sur l'étalage se prélassait un pâté de deux réaux, luisant, doré, à peine sorti du four, et mon nez fut averti de sa présence bien avant mes yeux. Je me mis soudain en arrêt comme un chien devant une perdrix, le regard fixe et tellement ardent, que le pâté s'en dessécha. Jamais je ne soutins une lutte plus terrible ; l'honneur et *l'ordre* me disaient de le voler, l'impatience et la faim me conseillaient de l'acheter. Une heure sonna ; n'osant prendre ni un parti ni l'autre, je songeais à me réfugier dans une taverne, et déjà j'en prenais le chemin, lorsque,—ce fut la volonté de Dieu,—je me trouvai nez à nez avec un certain licencié nommé Flechilla, camarade d'université, et qui montait la rue en courant, la figure toute rouge et le vêtement un peu en lambeaux. Il s'arrêta devant moi, et il eut quelque peine à me reconnaître à la manière dont j'étais costumé. « Comment, c'est vous, seigneur licencié ? m'écriai-je en l'embrassant ; que de choses j'ai à vous dire, et combien je suis peiné de devoir partir ce soir !—J'en suis peiné autant que vous, me dit-il d'un air distrait, et, s'il n'était tard, je m'arrêterais pour être tout à vous. Mais je suis attendu à dîner chez une mienne sœur, mariée à Madrid, et je vous demande mille pardons si... — Comment, repris-je, la señora Ana est ici ? Courons, je vous prie ; quelles que soient les affaires qui m'amènent en ce quartier, je veux remplir auprès d'elle les devoirs d'un galant homme. »

Il y allait d'un dîner à prendre au vol ; j'entraînai le licencié, et, chemin faisant, je lui contai que j'avais découvert dans Madrid une jeune fille dont il avait été fort amoureux à Alcala, et je m'engageai à le présenter chez elle. Cette confidence lui alla droit au cœur ; c'était chose habile que de lui parler de ce qui devait lui être agréable. Nous arrivâmes ainsi à son logis, où nous entrâmes. Je fis à sa sœur et à son beau-frère toutes les politesses possibles, et eux, ne se doutant pas du véritable motif de ma visite, me répondirent que s'ils avaient prévu la venue d'un hôte aussi aimable, ils eussent fait quelques dispositions pour le recevoir. Je m'emparai de l'occasion. « Vrai Dieu! répondis-je, ne suis-je pas un ancien ami, presque de la maison? Ce serait me faire injure que de me traiter avec cérémonie. »

On se mit à table, et je fis de même. Pour calmer le licencié, qui ne m'avait aucunement invité et que mon aplomb déconcertait, je me mis à l'entretenir tout bas de la jeune fille, à lui dire qu'elle m'avait parlé de lui, qu'elle l'aimait toujours, et autres mensonges de même nature. Pendant ce temps, je ne perdais pas un coup de dent; je répandis le carnage au milieu des entrées; j'avalai presque tout le bouilli en deux bouchées et sans malice, mais avec tant de hâte, qu'on eût pu croire que je n'étais pas sûr de ma conquête, même lorsque je la tenais entre les dents. Dieu m'est témoin que le caveau commun de l'*Antigua* de Valladolid n'engloutit pas un corps avec plus de promptitude que je n'expédiai l'ordinaire de ces braves gens[2]. Ce fut avec plus de hâte que n'en met un courrier extraordinaire. Ce dut être pour eux un spectacle inaccoutumé que le rapide passage du bouillon par ma gorge, et ma manière de nettoyer une assiette, et la persécution que je fis subir aux os, et le ravage que je fis parmi la viande; j'eus même grand soin, dans les intervalles, s'il faut dire toute la vérité, d'enfoncer dans mes poches bon nombre de rogatons. On desservit, e pris le licencié à l'écart, et je continuai à l'entretenir de sa belle et des moyens que je pouvais

avoir de l'introduire chez elle. Enfin, comme nous
étions près d'une fenêtre, je feignis de m'entendre
appeler dans la rue. « Je suis à vous, seigneur,
m'écriai-je ; je descends. » Je demandai l'agrément de
mes hôtes, disant que j'allais revenir à l'instant. Ils
m'ont attendu jusqu'à aujourd'hui. J'ai rencontré
Flechilla bien d'autres fois, et je me suis excusé auprès de lui en prétextant de mille empêchements
dont le récit importe peu en ce moment.

J'allai, en sortant de là, à travers les rues jusqu'aux
environs de la porte de Guadalajara, et je m'instal-
lai sur un banc devant la boutique d'un marchand.
Dieu voulut bien amener de ce côté deux belles
dames, de celles qui empruntent sur leur bonne
mine, à demi voilées, suivies d'une duègne et d'un
petit page. Entrées dans la boutique, elles demandèrent au marchand s'il avait quelque velours de
façon nouvelle ; je pris part à l'examen des étoffes,
offrant de les aider de mon choix, jouant sur les
mots, riant, plaisantant et ne laissant plume ou aile
à la raison. L'aisance avec laquelle j'agissais leur fit
penser que j'avais du crédit dans la maison, et comme
je n'avais rien à risquer, je leur fis les plus belles
offres de service. Elles firent des façons, prétendant
qu'elles n'acceptaient rien d'une personne qu'elles
ne connaissaient pas. J'insistai, je leur dis que le tort
serait de ne rien leur offrir, et les priai de me permettre de leur envoyer des toiles qu'on m'avait ap-
portées de Milan et que je ferais remettre chez elles
le soir par mon page. J'indiquais, en parlant ainsi,
un page qui, nu-tête au milieu de la rue, attendait
son maître, occupé dans une boutique voisine. Afin
de me donner de l'importance, j'ôtai mon chapeau
à tous les auditeurs et à tous les cavaliers qui passaient, et, sans en connaître aucun, je leur fis les

plus grandes politesses, comme si j'eusse été leur ami le plus familier. A tout cela et à un écu d'or que je tirai de ma poche, avec mine de faire l'aumône à un pauvre, mes deux belles dames eurent lieu de juger que j'étais un cavalier distingué.

Il se faisait tard ; elles se mirent en devoir de partir, et m'en demandèrent la liberté, en me recommandant de n'envoyer mon page chez elles qu'avec les plus grandes précautions. Je les priai, par faveur et par souvenir, de me laisser un rosaire monté en or que portait la plus jolie des deux, le demandant comme gage de l'entrevue qu'elles me promettaient pour un autre jour. Elles hésitèrent, je leur offris en garantie mes cent écus d'or ; elles voulurent bien ne pas les accepter, tout en pensant sans doute qu'elles tireraient un jour de moi bien davantage, et me laissèrent le chapelet. Elles m'indiquèrent leur demeure et me demandèrent la mienne, en ajoutant que mon page ne pouvait entrer chez elles à toute heure, parce qu'elles étaient dans une maison importante.

Je les reconduisis par la rue Mayor, et à l'entrée de la rue de Las Carretas je les arrêtai devant une maison de belle apparence où était un carrosse sans chevaux. Je leur dis que c'était là ma demeure, et que la maison, le carrosse et le maître étaient à leur service ; j'ajoutai qu'on me nommait don Alvaro de Cordoue, et prenant galamment congé d'elles, je me dirigeai vers la maison, où j'entrai.

Il faut que j'ajoute qu'en sortant de la boutique j'appelai avec un air d'autorité un des pages qui se trouvaient là, comme pour le charger de dire aux autres de m'attendre, et en réalité je lui demandai s'il n'appartenait pas au commandeur mon oncle. Ce qu'il nia tout naturellement.

CHAPITRE XVI

Dans lequel Pablo continue le même récit jusqu'à la mise en prison de toute la bande.

Quand la nuit fut venue, nous revînmes tous au logis. J'y trouvai le soldat aux guenilles portant une torche de cire qu'on lui avait donnée pour accompagner un défunt, et qu'il avait conservée.

Ce soldat se nommait Magazo, naturel d'Olias ; il avait été capitaine dans une comédie et s'était battu contre les Maures dans une parade. Quand il parlait avec des gens qui revenaient de Flandre, il disait qu'il avait été en Chine ; à ceux qui arrivaient de Chine, il parlait de la Flandre. Il prétendait avoir eu part à plus d'un siége et avoir aidé à renverser plus d'un château — des châteaux de cartes et des siéges de bois sans aucun doute. — Il professait un grand culte pour la mémoire du prince don Juan, et je l'entendis dire maintes fois qu'il avait été honoré de l'amitié de Louis Quijada. Il parlait de Turcs, de galions et de capitans, en homme qui connaissait par cœur tous les couplets populaires où il en est question. De la mer, il n'en savait pas un mot, car il n'avait de *naval* qu'un goût prononcé pour les *navets*, et il disait, en racontant le combat livré par don Juan à Lépante, que ce Lépante était un Maure d'une immense bravoure.

Nous fûmes rejoints par mon camarade don Torribio, qui arriva le nez poché, la tête emmaillottée, couvert de sang et de boue. Questionné sur la cause de ce traitement, il nous raconta qu'il avait été à la soupe de San Geronimo et qu'il avait demandé une double portion, disant que c'était pour des personnes honorables et pauvres. On en priva d'autres mendiants pour la lui donner, et ceux-ci, fort colères, se mirent à le suivre. Au détour d'une rue, ils le virent se cacher derrière une porte et y avaler ses deux portions d'un air déterminé. On commença par lui reprocher d'avoir trompé les bons pères, de se faire nourrir au préjudice des autres ; puis des paroles on passa aux coups ; après les coups vinrent les contusions, puis les bosses au front. On le battit en brèche avec deux pots de terre, et une écuelle de bois qu'on lui fit flairer sans précaution lui mit le nez en compote. Il perdit son épée dans la bagarre, et le portier du couvent, qui accourut au bruit, eut peine à mettre le holà. Enfin, notre pauvre frère était tellement poussé, tellement serré de près, qu'il offrit de rendre ce qu'il avait pris. Mais ce n'était pas là ce qu'on voulait de lui ; on lui reprochait surtout d'avoir demandé pour les autres.

« Voyez ce monceau de guenilles, » s'écria un méchant étudiant, mendiant et parasite, « voyez cet épouvantail à moineaux : il est vide et triste comme une boutique de pâtissier en carême ; il est plus troué qu'une flûte, plus tacheté qu'une pie, plus bigarré que le jaspe, plus barbouillé qu'un livre de musique, et il ose partager la soupe du saint avec nous, avec moi, gradué bachelier ès arts à l'université de Siguenza [1], moi qui puis être évêque un jour ou dignitaire de l'Etat.... Fi ! pour Dieu ! — Moi, disait un petit vieux dans la foule, quoique je vienne à la soupe du couvent, je descends du Grand Capitaine et j'ai des parents. »

Le brave portier fut obligé de se jeter au milieu

de la foule ameutée par ces forcenés, et sans sa protection notre pauvre ami ne fût rentré au logis que par moitiés.

Merlo Diaz, l'un de nos frères, qui rentra quelques instants après don Torribio, avait sa ceinture garnie d'un chapelet de petits pots et de verres dont il avait fait provision à tous les tours des couvents de nonnes.

Don Lorenzo del Pedroso obtint plus de succès que Diaz : il arriva avec un très-bon manteau qu'il avait échangé dans une salle de billard contre le sien, qui n'avait poil ni plume. Don Lorenzo était coutumier du fait ; en arrivant dans un billard, il ôtait son manteau sous prétexte de vouloir jouer, et le mettait avec les autres ; puis, ayant grand soin de ne s'engager à aucune partie, il retournait aux manteaux, prenait le meilleur et s'en allait. Pedroso avait pour quartier les jeux de bague et de boule.

Tout cela n'était rien ; il y eut unanimité d'approbation et de cris de joie lorsque parut don Cosme. Il était escorté d'une multitude d'enfants déguenillés, boiteux, blessés, manchots, affligés de toutes les maladies possibles. Don Cosme avait choisi le métier d'empirique et faisait une grande dépense de signes de croix et d'oraisons qu'une vieille de ses amies lui avait apprises[2]. Il gagnait à lui seul plus que tout le monde ; car si le consultant n'apportait pas quelque chose sous son manteau, si l'argent ne résonnait pas dans sa poche, si quelques poulets ne piaulaient pas dans le sac, le mal était déclaré incurable. Il exploitait ainsi la moitié du royaume. Il faisait croire tout ce qu'il voulait, d'autant qu'il était des plus forts en matière de mensonge, au point qu'il ne pouvait plus dire la vérité, même par mégarde. Il parlait toujours au nom de l'enfant

Jésus ; il n'entrait jamais dans une maison sans dire un *Deo Gratias* et sans y appeler la bénédiction du Saint-Esprit ; les grains de son rosaire, le meuble indispensable d'un hypocrite, étaient pour le moins gros comme des oranges[3]. Il avait bien soin de laisser voir sous sa cape un bout de discipline taché de sang de poulet ; quand il se grattait il donnait à croire que ses poux étaient un cilice, et que sa faim était un jeûne volontaire. Quand il nommait le diable, il ajoutait : « Dieu nous en délivre et nous en garde. » Il baisait la terre en entrant dans une église ; il se disait indigne ; il ne levait jamais les yeux sur les femmes : il leur levait quelquefois les jupons. Avec toutes ces grimaces, il imposait au peuple de telle sorte, que chacun se recommandait à lui ; c'était se recommander au diable....

Après don Cosme, vint Folanco, faisant grand bruit et parlant bien haut ; il portait une besace, une grande croix, une longue barbe postiche et une clochette. Son métier était de parcourir les rues la nuit en psalmodiant sur un ton lugubre :

> Réveillez-vous, vous qui dormez,
> Priez Dieu pour les trépassés!

Il recueillait de la sorte un grand nombre d'aumônes ; quand il voyait une maison ouverte, il y entrait ; s'il était sans témoins et sans empêchement, il volait tout ce qu'il trouvait ; s'il apercevait quelqu'un, il faisait sonner sa clochette et répétait de sa voix de pénitent :

> Réveillez-vous, vous qui dormez...

En un mois passé au milieu de ces aventuriers, je fus au fait de toutes les manières de voler.

Je racontai à mes nouveaux amis mes aventures de la matinée et je leur exhibai le rosaire que j'avais conquis. Ils m'accablèrent de félicitations, et le rosaire fut remis à la mère Lebrusca, la vieille gouvernante, qui fut chargée de le vendre. La bonne vieille s'en allait de maisons en maisons pour y vendre les objets volés ; elle disait qu'ils provenaient d'une pauvre demoiselle qui vendait tout pour avoir du pain ; partout enfin elle avait un prétexte à donner, une histoire à raconter. Elle pleurait, croisait les mains, soupirait du plus profond de ses entrailles et appelait chacun mon enfant. Elle portait pour vêtement — à vrai dire par-dessus une très-bonne chemise, un jupon, une robe de dessous, une robe de dessus et une mante — certain sac de bure déchirée, qui lui provenait, disait-elle, d'un bon ermite de ses amis retiré dans les montagnes d'Alcala [4]. C'était la directrice, la conseillère et la receleuse du logis.

Le diable, qui ne se tient jamais en repos et qui se mêle toujours des affaires de ses serviteurs, voulut, un jour qu'elle était allée vendre je ne sais quelles guenilles dans une maison, que quelqu'un les reconnut pour être à lui. On alla chercher un alguazil, on s'empara de la vieille, qui avoua tout, déclara comment nous vivions, et que nous étions les chevaliers de la rapine.

L'alguazil la laissa dans la prison et s'en vint à notre logis, où il trouva toute la bande, moi compris. Il avait avec lui une demi-douzaine de recors, bourreaux aspirants, à l'aide desquels il conduisit tout notre collége de vauriens en prison.

CHAPITRE XVII

Description de la prison. De quelle manière ils en sortent, la vieille fouettée, les aventuriers emprisonnés et Pablo acquitté.

Dieu sait combien nous prêtâmes à rire dans les rues aussi bien qu'à la prison ! Nous étions tous attachés et rudement tirés, les uns par leurs capes, les autres sans capes, laissant à découvert des vêtements rapiécés de blanc et de noir. Un recors, voulant saisir l'un de nous d'une manière solide, et ne rencontrant que des haillons en charpie, chercha à l'empoigner par la peau ; mais il ne trouva rien à prendre, tant le pauvre diable était desséché. D'autres laissaient entre les mains des recors les morceaux de leurs pourpoints et de leurs grègues.

On mit, en entrant, à chacun de nous deux paires de fers, l'une aux mains, l'autre aux pieds, et on nous descendit dans un cachot. En me voyant sur ce triste chemin, je songeai à tirer parti de l'argent que j'avais sur moi. Je pris un ducat et m'approchai du geôlier. « Veuillez m'entendre en secret, seigneur, lui dis-je en laissant briller mon écu à ses yeux. » Il comprit et me tira à l'écart. « Je vous en supplie, repris-je, ayez pitié d'un homme de bien ! » Je lui pris la main, et, comme ses doigts étaient habitués à porter semblables bagues, il se laissa faire et entendit à merveille. « J'examinerai la maladie, me répondit-il, et, si elle n'est pas sérieuse, vous descendrez avec les autres. » Je compris la défaite, et baissai humblement la tête sans répondre. Il me laissa dans le vestibule et conduisit mes amis tout en bas.

Quand la nuit fut venue, on m'envoya coucher au premier étage, dans la salle commune. On me désigna mon lit : il se composait d'un mauvais matelas jeté sur la dalle au milieu de vingt autres, occupés par les prisonniers. Les uns étaient couchés tout habillés ; les autres n'avaient pas eu beaucoup de peine à ôter ce qu'ils avaient sur le corps. Quelques-uns jouaient. On éteignit la lumière, et, au bout de quelques instants, nous oubliâmes tous nos chaînes.

La tinette était à la tête de mon lit. Vers le milieu de la nuit les prisonniers commencèrent à y venir et à mettre leurs captifs en liberté. Entendant le bruit, je pensai d'abord que c'était le tonnerre, et j'eus peur ; mais quand je sentis l'odeur, je vis bien que ce n'étaient pas de vrais tonnerres. Cela sentait si mauvais, que je me bouchais le nez dans mon lit. A la fin, je demandai de porter la tinette ailleurs ; cela occasionna une querelle, et j'envoyai ma ceinture par le visage de l'un des visiteurs. Celui-ci, en reculant précipitamment, renversa la tinette ; le bruit réveilla toute la salle, l'odeur devint épouvantable, et tout le monde se leva en poussant de grands cris.

L'alcaïde enfin, entendant tout ce tapage et craignant que ses vassaux ne s'évadassent, monta en toute hâte, armé et suivi de ses suppôts. Il ouvre la salle, apporte sa lumière et s'informe. Il y eut unanimité parmi mes compagnons pour rejeter sur moi la faute, et j'eus beau dire, rien ne put me justifier. Le geôlier, prévoyant d'ailleurs que plutôt que de me laisser conduire dans quelque cachot je lâcherais volontiers un second ducat, trouva l'occasion excellente et m'ordonna rudement de le suivre. J'obéis, mais j'étais décidé à tout souffrir plutôt que de faire une nouvelle brèche à mon gousset; et le geôlier, fort mécontent de mon peu d'intelligence, me reconduisit dans la salle basse, où mes bons amis les *hidalgos* d'industrie me reçurent avec acclamation.

Je passai assez mal le reste de la nuit. Le Seigneur fit le jour, on ouvrit tous les cachots, et nous fîmes connaissance avec nos voisins. Les plus anciens vinrent nous signifier d'avoir à donner pour le nettoyage, sous peine d'anguillade¹. Je déboursai à l'instant six réaux; mais les pauvres camarades n'avaient rien à donner, et ils furent prévenus qu'ils payeraient en nature le soir même.

Il y avait parmi les doyens du logis un garçon borgne, grand, moustachu, de très-mauvaise mine et très-plat du dos, sans doute à force de coups de bâton; il portait sur lui plus de fer qu'il n'y en a dans toutes les mines de Biscaye, des menottes, des poucettes et des chaînes à chaque pied. On le nommait le Géant; il prétendait avoir été emprisonné pour une question de grammaire. D'abord je crus qu'il s'agissait de quelque manière de vol par escalade; mais lorsqu'on insistait, il s'en défendait fort. Il avouait alors que c'était pour avoir pris au masculin ce qui ne doit être pris qu'au féminin. Je compris enfin qu'il était de Sodome. Nous en avions une telle crainte, que nous portions tous des muselières où les chiens portent la queue, et que nous n'osions pas auprès de lui mettre nos prisonniers dehors, de peur de lui rappeler qu'il tenait par là ses assises. Le Géant avait pour ami un individu du nom de Robledo, surnommé la Voltige; celui-ci se disait pris pour excès de libéralité : il disposait, en effet, avec trop de facilité du bien d'autrui ; ses doigts étaient tellement crochus, qu'il pêchait tout ce qu'il touchait. Il avait reçu plus de coups de fouet en sa vie qu'un cheval de poste, et tous les bourreaux d'Espagne s'étaient fait la main sur lui. Il avait le visage couvert de balafres, d'estafilades, et plus troué qu'une écumoire ; ses oreilles étaient en nombre impair et son nez recollé.

Avec eux étaient quatre vauriens, rampants comme les lions des armoiries, tous quatre enchaînés, et condamnés à ramer autre chose que des choux. Ils disaient qu'ils pourraient se vanter d'avoir servi le roi sur terre et sur mer. Ils attendaient avec une grande impatience leur prochain départ.

Mécontents de voir que mes compagnons ne pouvaient contribuer, ces six mauvais drôles se concertèrent pour leur donner le soir une solide anguillade avec une corde affectée à cet usage. La nuit venue, on nous cantonna à l'endroit le plus reculé de la maison ; puis, selon l'usage, on éteignit les lumières, et alors nous allâmes tous nous cacher sous l'escalier. Bientôt nous entendîmes deux coups de sifflets, puis des coups de corde. Mes bons hidalgos, voyant que l'affaire allait commencer, serraient tellement leurs pauvres chairs déjà tant réduites par le jeûne, par la gale et par les poux, qu'ils tenaient tous dans un recoin du dessous de l'escalier. Ils étaient là comme des lentes dans des cheveux ou comme des punaises dans un lit ; les coups résonnaient sur les planchers, et les pauvres diables ne disaient rien. Les vauriens, n'entendant pas de plaintes, cessèrent d'envoyer des coups de cordes et se mirent à jeter des pierres, du plâtre, des morceaux de brique. Un de ces projectiles atteignit don Torribio à la tête et lui fit une ouverture à loger deux doigts. Alors il se mit à crier à l'assassin. Les assaillants, pour qu'on n'entendît pas ses plaintes, chantaient tous ensemble et faisaient le plus de bruit possible. Torribio, pour mieux se cacher, cherchait à se fourrer sous ses camarades; il fallait entendre, aux efforts qu'ils faisaient, leurs os sonnant comme cliquettes de ladre. A ce jeu, ce fut la fin des hardes ; il ne resta pas un haillon en place. Les pierres et les gravois arrivaient si dru que don Torribio eut bientôt plus de bosses à la tête qu'il n'y a de crevés dans un pourpoint. Ne pouvant se mettre à l'abri de cette grêle, se voyant près de mourir martyr, sans la moindre condition de sainteté ni de bonté, il demanda qu'on le laissât sortir, promettant de payer et de donner ses habits en gage. Les prisonniers consentirent, et malgré les autres qui se cachaient derrière lui, il se leva comme il put et passa de mon côté. Les autres furent bien obligés de faire la même promesse ; ils avaient sur la tête plus de tuileaux que de cheveux. En paiement de la patente ils offrirent leurs vêtements, comprenant qu'il valait mieux rester au lit faute de pouvoir s'habiller, que d'être mis en morceaux. On les laissa tranquilles le reste de la nuit, et le matin venu on leur prit ce qui leur restait sur le corps. De tout ce qu'on ramassa il ne se trouva pas de quoi faire une mèche à une chandelle.

Ils se tinrent au lit, enveloppés dans leurs couvertures ; mais ils sentirent bientôt qu'il leur en cuisait. Il y avait là des poux, l'un avec une faim canine, l'autre qui jeûnait depuis huit jours, d'autres, des monstres qui auraient trouvé leur place à l'oreille d'un taureau. Peu s'en fallut que les malheureux ne fussent dévorés. Ils jetèrent bas la couverture, maudissant leur mauvaise fortune et se déchirant à grands coups d'ongles.

Je pris alors le parti de laisser là mes pauvres amis, auxquels je demandai pardon de leur fausser compagnie, et j'allai droit au geôlier, à qui je graissai la patte avec trois réaux de huit [2]. Dès qu'il m'eut dit qu'il connaissait le greffier chargé d'instruire notre procès, je le priai de l'envoyer chercher par un de ses aides. Le greffier venu, je le tirai à l'écart, et, après l'avoir mis au fait de notre affaire, je lui confiai que j'avais quelque argent ; je le priai de me le garder, et lui demandai de prendre les intérêts d'un malheureux gentilhomme compromis par mégarde, et fort innocemment, dans cette malheureuse aventure. « Vous n'ignorez pas, seigneur cavalier, me dit-il quand il eut pêché sa mouche, que tout, en pareil cas, dépend de nous, et qu'il peut arriver malheur à celui qui, avec nous, n'agit pas en homme de bien. J'en ai plus envoyé aux galères à titre gratuit qu'il n'y a d'articles dans la loi. Fiez-vous à moi, et soyez certain que je vous tirerai de là sain et sauf. »

Il s'en alla là-dessus, et à peine arrivé à la porte, il revint à moi pour me demander quelque chose en faveur du brave Diego Garcia, l'alguazil, auquel il était convenable de mettre un bâillon d'argent ; puis en faveur de je ne sais quel rapporteur, afin de l'aider à avaler tout l'article qui me concernait. « Un rapporteur, seigneur cavalier, me dit-il, est homme à anéantir un chrétien d'un froncement de sourcils, d'un éclat de voix, ou d'un coup de pied frappé sur le sol afin de réveiller l'attention distraite de l'alcade, ce qui arrive quelquefois. »

Je compris, je me le tins pour dit et j'ajoutai cinquante autres réaux. En retour, le greffier m'engagea, d'un air dégagé, à redresser le collet de mon manteau, qui était de travers, et m'indiqua deux remèdes contre la toux que m'avait donnée la fraîcheur de la prison. « N'ayez aucun souci, ajouta-t-il en s'éloignant, et ne négligez pas votre geôlier; avec huit réaux vous obtiendrez de lui toutes les douceurs et tous les allégements possibles; ces gens-là n'ont de vertu et de bonté que par intérêt. »

Je compris l'avertissement : le geôlier reçut un écu, m'enleva tous mes fers et me permit d'entrer dans son logis. Il avait pour femme une baleine, et pour filles deux diablesses, laides, méchantes, et menant, en dépit de leur visage, assez joyeuse vie.

Il arriva que le soir, pendant que j'étais là, le seigneur Blandones de San Pablo, le susdit geôlier, rentra pour souper après sa besogne faite et ses pensionnaires parqués ; il paraissait préoccupé, de fort mauvaise humeur, et ne voulut pas manger. Sa femme, doña Ana Moraes, que cette disposition de son mari paraissait inquiéter, s'approcha de lui et le pressa, l'importuna de telle sorte, qu'il se décida à parler. « Il y a, lui dit-il, que ce fripon d'Almendros l'aposentador[3] m'a dit, pendant que nous nous disputions pour le fermage, que vous n'étiez pas propre. — L'insolent ! répondit-elle, est-il donc chargé d'ébarber les émêchures de mes jupons ? Sur les jours de mon aïeul ! tu n'es pas un homme si tu ne lui as pas arraché la barbe. Faut-il pas qu'il m'envoie ses valets pour me nettoyer ? Dieu me soit en aide, ajouta-t-elle, en se tournant vers moi, il voudrait faire croire que je suis juive comme lui; mais on sait que, s'il vaut vingt maravédis, il en a dix de vilains et deux fois cinq d'hébreux. Sur ma parole, seigneur don Pablo, que je l'entende, et je lui rappellerai la croix de Saint-André que méritent de jolies mains ; aussi, pour les faire voir, elle mouchait très-souvent les chandelles et découpait à table. A l'église, elle avait toujours les mains jointes ; dans les rues, elle avait sans cesse quelque chose à désigner ; chez elle, c'était à tout moment une épingle à remettre dans sa chevelure ; elle jouait de préférence aux dames ; elle faisait sans cesse semblant de bailler afin de montrer ses dents, et de se faire des croix sur la bouche[1]. Enfin toute la maison n'était occupée que de ses mains, et tout le monde, même ses parents, en était ennuyé.

Il y avait trois locataires, moi, puis un Portugais et un Catalan, qui m'accueillirent fort bien. Je jugeai, tout en m'installant, que la jeune fille serait pour moi une distraction agréable ; et j'appréciai l'avantage d'avoir cette distraction sous le même toit. Je me mis donc à lui faire les yeux doux ; je lui faisais des contes que j'imaginais à plaisir ; je lui apportais toutes les nouvelles de la ville, vraies ou fausses ; et je lui rendais, en un mot, tous les petits services possibles, pourvu qu'ils ne me coûtassent rien. Je lui fis croire, à elle et à sa mère, que je savais faire des enchantements, que j'étais nécromancien, que je pourrais, si je voulais, faire disparaître la maison ou la faire paraître en feu, et mille autres choses dont elles ne doutaient pas, car elles étaient des plus crédules. J'acquis bientôt de la sorte les bonnes grâces de la jeune fille, mais ce n'était pas son amour. Il est vrai que je n'étais pas des mieux vêtus. Mon cousin le greffier, que je visitais souvent, par reconnaissance du pain que j'avais mangé à sa table, m'avait aidé, il est vrai, à améliorer ma garde-robe ; mais mes hôtesses n'avaient pas encore de moi toute la bonne opinion convenable. Afin de me faire passer pour riche, je disais que j'en voulais faire un secret, et j'envoyais des amis me demander quand je n'y étais pas. L'un d'eux un jour alla s'informer du seigneur don Ramiro de Guzman ; c'était le nom que je m'étais donné, mes amis m'ayant convaincu qu'il n'en coûtait rien de se choisir un nom, et que cela pouvait être fort utile. Il demanda don Ramiro, un homme d'affaires fort riche, occupé pour le moment à contracter avec le roi deux traités importants. Les hôtesses ne me reconnurent pas à ce portrait, et répondirent qu'il ne demeurait chez elles qu'un don Ramiro de Guzman plus râpé que riche, petit de corps, d'un visage ordinaire et pauvre. « C'est celui-là même que je cherche, répliqua l'autre, et je ne demanderais rien à Dieu si j'avais toutes les rentes qu'il possède au delà de deux mille ducats. »

Cette confidence et quelques autres firent un grand effet sur les pauvres femmes, et mon officieux ami leur laissa, en les quittant, une fausse lettre de change de neuf mille écus, qu'il les pria de me remettre afin que je l'acceptasse. La mère et la fille ne doutèrent plus de ma fortune, et jetèrent tout de suite leur dévolu sur moi pour en faire un mari. Je rentrai de l'air d'un homme qui ne s'attend à rien, et elles me remirent tout aussitôt la lettre de change. « Seigneur don Ramiro, me dirent-elles, il est deux choses qu'on cache difficilement : la fortune et l'amour. Pourquoi Votre Grâce, qui sait combien nous lui sommes dévouées, nous a-t-elle fait un secret de sa position ? » Je feignis d'être fort contrarié de l'arrivée de la lettre de change, et, sans leur répondre, je montai à mon appartement.

Dès le moment qu'elles me crurent de l'argent, tout ce qui venait de moi fut trouvé charmant. Elles applaudissaient à toutes mes paroles ; personne n'avait meilleur air que moi. Quand je les vis si bien amorcées, je fis ma déclaration à la petite, qui m'écouta avec une grande joie et me répondit de la manière la plus tendre. Le soir même, afin de les confirmer dans leur opinion sur ma fortune, je m'enfermai dans ma chambre, qui n'était séparée de la leur que par une cloison très-mince, et tirant de ma ceinture cinquante écus, je les comptai tant de fois, qu'elles purent calculer jusqu'à six mille. La croyance dans laquelle je les mis eut pour moi les plus beaux résultats, et toutes deux ne songeaient qu'à me servir et à m'entourer de soins.

Mon voisin le Portugais se nommait o Senhor Vasco de Meneses, chevalier de l'ordre du Christ. Il portait le manteau noir, les bottes, le petit collet et d'immenses moustaches. Il se consumait d'amour pour doña Berengère de Rebolledo, c'était le nom de notre jeune hôtesse ; et quand il était amoureusement assis auprès d'elle, il soupirait plus qu'une béate à un sermon de carême. Il se mêlait de chanter et le faisait d'une manière pitoyable ; il passait une partie de sa vie à jouer au pharaon avec le Catalan. Celui-ci était la créature la plus triste et la plus misérable que Dieu eût jamais créée. Il mangeait un jour sur trois, et un pain tellement dur, qu'un médisant eût eu peine à y mordre [2]. Il faisait le brave, et il ne lui manquait cependant que de pondre des œufs pour être une poule complète, car il était vaniteux comme nul au monde.

Quand ils s'aperçurent tous deux que j'allais si vite en affaires, ils se mirent à dire du mal de moi. Le Portugais m'appelait pouilleux, fripon et déguenillé ; le Catalan me traitait de lâche et de débauché. Tout cela, je le savais, je l'avais entendu plus d'une fois, mais je ne tenais pas à y répondre. La petite me parlait, et je lui écrivais des billets, commençant tous par les phrases d'usage : « Je prends la hardiesse... » — « Votre divine beauté... ; etc. » Je parlais de ma peine, du feu qui me brûlait, je m'offrais comme esclave, et je signais avec un cœur percé d'une flèche. Nous en vînmes bientôt au *tu*, et un jour, pour entretenir la haute opinion que j'avais donnée de ma qualité, je sortis de la maison, je louai une mule, je me déguisai complétement, et je revins à l'hôtellerie. Là, changeant ma voix, je me demandai moi-même. « N'est-ce pas ici, dis-je, que demeure Sa Grâce le seigneur don Ramiro de Guzman, seigneur de Valcerrado et Vellorote? — Il y a ici, répondit la jeune fille, un cavalier de ce nom, de petite taille... — C'est bien lui, répondis-je. Voulez-vous avoir la bonté de lui dire que Diégo de Solorzano, intendant de ses rentes, passant par ici pour des recouvrements, est venu lui baiser les mains ? »

Cela dit, je m'en allai, et je revins dans ma tenue ordinaire au bout de quelques instants. On me reçut avec encore plus de prévenances que de coutume ; et, tout en me faisant la commission de l'intendant, on me demanda pourquoi j'avais caché que j'étais seigneur de Valcerrado et de Vellorote.

Cette comédie acheva la jeune fille ; elle eut envie d'un mari aussi riche, et nous convînmes que la nuit suivante, vers une heure du matin, elle m'attendrait à sa fenêtre. Il me fallait, pour y aller, suivre un corridor et escalader un toit qui séparait sa chambre de la mienne. Mais le diable, qui est toujours aux aguets, voulut être de la partie. Je traverse le corridor, j'arrive au toit ; mais le pied me manque, je glisse et je m'en vais tomber sur le toit d'un voisin, un greffier, si lourdement, que je brisai toutes les tuiles, dont les morceaux s'imprimèrent sur mes côtes.

Le bruit réveilla la moitié de la maison ; on crut que c'étaient des voleurs, — les gens de ce métier ont de ces fantaisies. Enfin, on monta sur le toit. Je cherchai alors à me cacher derrière une cheminée, mais ce mouvement ne fit qu'accroître les soupçons. Le greffier et deux clercs me rouèrent de coups et me garrottèrent sous les yeux de ma belle, sans me donner le temps de me reconnaître. L'innocente fille riait comme une folle, parce que, comme je lui avais dit que je faisais des enchantements, elle pensait que ma chute n'était qu'une plaisanterie, et elle me faisait signe de monter, que c'était suffisant. Mais, hélas ! c'était bien moi qui recevais les coups de poing et les coups de bâton ; je criais, et elle riait toujours.

Enfin le greffier, séance tenante, et sans perdre de temps, se mit à verbaliser ; il me fouilla, me trouva des clefs dans la poche et écrivit, malgré l'évidence et toutes mes protestations, que c'étaient des rossignols et des crochets. Je lui dis que j'étais don Ramiro de Guzman, et il se mit à rire. Battu devant ma belle, pris sans raison, injustement accusé, je ne savais plus à quel saint me vouer. Je me mis à genoux devant le greffier, je le priai, je le conjurai au nom de Dieu ; mais rien ne fit, et il ne voulut pas me relâcher. Tout cela se passait sur le toit, et je compris qu'à tout en ce monde, même à des tuiles, on peut faire porter faux témoignage. Enfin, on me fit descendre, par une lucarne, dans une cuisine où je fus enfermé.

CHAPITRE XIX

Où Pablo continue et raconte d'autres aventures.

Je ne fermai pas les yeux de toute la nuit, songeant à mon malheureux sort, qui n'était pas tant d'être tombé sur un toit, que de me trouver entre les mains féroces du greffier. Quand je songeais aux crochets qu'il prétendait avoir trouvés dans ma poche, aux pages qu'il avait écrites sur ce point, je reconnaissais avec douleur que rien ne grandit autant en ce monde que délit en puissance de greffier.

Je passai la nuit à faire des projets ; un instant je songeai à le conjurer au nom de Jésus-Christ ; mais je fus arrêté par le souvenir de ce que les scribes avaient fait souffrir au fils de Dieu [1]. Plusieurs fois je tentai de me délier, mais le traître m'entendait aussitôt et s'en venait examiner mes liens. Il était plus occupé du bon procès qu'il allait me faire, que je ne l'étais moi-même de ma délivrance. Il se leva au point du jour, s'habilla à la hâte et le premier de la maison, puis il reprit sa courroie et revint me caresser les côtes, tout en me faisant un long discours sur le péché de vol, avec l'éloquence d'un homme qui s'y connaît.

Nous en étions là, lui me donnant force coups, moi, fort tenté de lui offrir de l'argent, lorsque survinrent le Portugais et le Catalan. Le résultat trop réel de mon escapade avait fini par détromper Berengère. Après m'avoir vu tomber et recevoir une aussi cruelle correction, elle avait compris qu'il

y avait, dans mon fait, du malheur et non pas de
l'enchantement ; alors elle fit de telles prières à mes
deux commensaux, qu'ils se décidèrent à venir à
mon aide. En les voyant entrer, et en s'apercevant
qu'ils me connaissaient, le greffier les prit pour mes
complices et dégaina sa plume pour les inscrire au
procès. Le Portugais ne s'y prêta pas, et malmena
fort le greffier. « Apprenez, lui dit-il, que je suis
un noble cavalier, gentilhomme de la chambre du
roi ; le seigneur que voici, ajouta-t-il en me désignant, est un noble hidalgo ; et le tenir attaché est
le fait d'un coquin. »

Alors, et malgré le greffier, qui hurlait comme un
Maure et appelait à l'aide, il se mit en devoir de
me délier. Aux cris de leurs patrons accoururent
les deux clercs — demi-recors, demi-crocheteurs.
— Ils foulèrent aux pieds leurs propres capes, chif-
fonnèrent leurs collets, comme ils agissent toujours,
pour faire croire aux coups de poing qu'ils n'ont pas
reçus ; puis ils criaient et demandaient secours au
roi. Mes deux voisins ne m'en détachaient pas moins.
Le greffier, ne se voyant pas secouru, changea de
système : « Je jure devant Dieu, s'écria-t-il, qu'on
n'agit jamais de la sorte avec moi, et si vous n'étiez
pas ce que vous êtes, seigneurs cavaliers, il pourrait
vous en coûter cher. Veuillez désintéresser ces témoins, et me rendre la justice de reconnaître que
je n'y ai point d'intérêt. »

Je compris à l'instant, et lui mis huit réaux dans
la main. J'étais bien tenté de lui rendre les coups
de bâton qu'il m'avait donnés ; mais comme il eût
fallu reconnaître que je les avais reçus, je l'en tins
quitte et m'en allai avec mes voisins, que je remerciai, — le visage meurtri de gourmades, et les épaules
quelque peu moulues de coups de gaule — de ma

délivrance et de la liberté que je leur devais. Le Catalan riait comme un fou et conseillait à Berengère de m'épouser sur-le-champ, afin de renverser le proverbe, et de faire dire que j'étais battu, puis cocu, et non pas cocu et battu. Le lourdaud ne me ménageait pas les équivoques. Dès que j'entrais chez mes voisins, il n'était question que de gaule, de manche à balai, de bois vert.

Ainsi poursuivi, persécuté, forcé de rougir sans cesse, je songeai à quitter la maison ; mais je me promis surtout de ne payer ni logis ni pension, qui montaient à quelques réaux. Je m'entendis à ce sujet avec un licencié, nommé Brandalangas, naturel de Hornillos, et avec deux de ses amis. Un soir ils arrivèrent tous les trois, demandèrent l'hôtesse et lui déclarèrent qu'ils venaient pour m'enlever secrètement, au nom du saint office. Cette déclaration l'effraya, parce que je m'étais fait passer pour nécromancien. Lorsqu'on m'emmena, elle n'osa rien dire ; mais lorsqu'elle vit qu'on enlevait aussi mes effets, elle voulut y mettre opposition et les retenir, en garantie de ce que je devais ; mais les braves familiers déclarèrent que cela appartenait à l'Inquisition. A pareille réponse il n'y avait mot à souffler ; elle laissa faire, et fut réduite, pour se consoler, à dire qu'elle s'y était toujours attendue. Elle affirma au Catalan et au Portugais que j'avais été enlevé par des démons, que j'avais un démon familier, que l'argent qu'elle avait reçu de moi paraissait de l'argent et n'en était pas. Mes deux commensaux n'hésitaient pas à la croire.

En somme, je sauvai mes habits et ma bourse. Une fois hors de là, d'accord avec mes libérateurs, je résolus de changer de vêtements, et de prendre le costume à la mode, chausses de cuir fauve, grand collet relevé, plus un laquais, ou mieux deux petits laquais, ce qui était en ce moment du meilleur ton. Mes amis prétendaient que le plus sûr effet de cette résolution, qui me donnerait l'apparence d'un riche cavalier, serait un brillant mariage, résultat très-commun à Madrid; ils me promirent même de se mettre en quête pour moi, de me chercher un parti convenable et de m'aider de tous leurs moyens. Cette idée de pêcher une femme me souriait, et je l'adoptai à l'instant.

Toutefois, je jugeai convenable de faire quelques recommandations à mes amis. Je pris pour cela le ton d'un homme d'importance :

« Un instant, leur dis-je en souriant. Puisque Vos Seigneuries veulent bien faire pour moi l'office d'agents matrimoniaux, il est de toute justice qu'elles connaissent mes principes à ce sujet. Dès le moment que je suis un noble cavalier, il m'est permis de dire quelles conditions je désire chez la femme qui deviendra la mienne. Écoutez-moi donc :

« Je désire qu'elle soit noble, vertueuse et intelligente; car si elle est sotte, elle ne saura ni conserver ni utiliser les deux autres qualités. Dans la noblesse, je ne veux point de morgue. Je veux qu'elle ait la vertu d'une femme mariée, et non pas celle d'un ermite, d'une béate ou d'une religieuse. Son meilleur missel doit être son mari, et ses prières seront ses devoirs.

« Je ne la veux ni laide ni belle. Laide, ce n'est pas une compagnie, mais un ennui; belle, ce n'est pas un plaisir, mais une sollicitude. S'il me faut choisir entre ces deux conditions, je l'aime mieux belle que laide, parce qu'il vaut mieux avoir sollicitude qu'ennui, et avoir à garder qu'avoir à fuir.

« Je ne la veux ni riche ni pauvre; je veux qu'elle ait de l'aisance; je ne veux pas qu'elle m'achète et ne veux pas l'acheter.

« Gaie ou triste; je l'aime mieux gaie; car, un jour ou

l'autre, la tristesse ne nous manquera pas. Prendre un femme soucieuse, boudeuse, cherchant les petits coin comme une araignée, pleureuse comme un oignon c'est épouser un perpétuel compliment de condoléance.

« Je veux qu'elle ait de l'élégance pour ma satisfaction, non pour celle des oisifs ; elle doit adopter une tenue décente, et non celle qu'inventera la coquetterie des autres femmes. Elle ne doit pas faire ce que font quelques-unes, mais ce que toutes doivent faire; je l'aime mieux avare que prodigue; car, de la prodigalité il y a tout à craindre, de la parcimonie il y a beaucoup à espérer. La trouver libérale serait un bonheur extrême.

« Qu'elle soit blanche ou noire, brune ou blonde, je n'y mets ni importance ni préférence ; je veux seulement, si elle est noire, qu'elle ne cherche pas à se faire blanche. De pareils mensonges rendent défiant plutôt qu'amoureux.

« Petite ou grande, peu m'importe.

« Grasse ou mince : je déclare que si elle n'est entrelardée, c'est-à-dire entre gras et maigre, je l'aime mieux mince. Je préfère une âme dans un roseau ou des os habillés de peau, qu'une cuve sur des tréteaux.

« Je ne la veux ni jeune ni vieille; ce serait le berceau ou la tombe; j'ai oublié les chansons à endormir les enfants, et je n'ai pas encore appris les répons. Je veux une femme faite; si elle est jeune, tant mieux.

« Je désirerais beaucoup qu'elle n'eût pas de trop jolies mains, de trop jolis yeux ou une trop jolie bouche. Quand ces trois choses arrivent à la perfection, elles rendent insupportable celle qui les possède ; elle gesticule pour qu'on voie ses mains, elle fait des mines pour qu'on voie ses yeux, et elle sourit toujours pour qu'on admire ses dents. L'afféterie gâte les perfections, la simplicité fait oublier les défauts.

« Je ne la veux pas orpheline, parce que je hais les anniversaires, les bouts de l'an et les commémorations; je ne lui veux pas, non plus, une parenté au grand complet. Je lui désire un père et une mère, parce que je ne les redoute pas. Les tantes, je les verrai avec plaisir au purgatoire, et je ferai dire des messes pour elles tant et plus.

« J'adresserais à Dieu bien des actions de grâce si elle était sourde et bègue, deux inconvénients qui mettent un frein aux conversations et qui rendent les visites difficiles. Si elle était de moyenne qualité, ce serait une affaire d'or, car une femme de haute condition dépense l'année entière en paroles, en visites reçues et rendues. Bègue et sourde, rien de tout cela n'est à craindre.

« Encore un mot : j'aurai grande estime pour la femme qui sera comme je la désire; et je saurai supporter celle qui sera comme je la mérite. Je puis bien accepter d'être marié sans bonheur, mais je ne veux pas être mal marié.

« Tels sont, seigneurs, mes désirs et ma volonté, et maintenant je me recommande à vous.' »

Ceci dit, je visitai tous les fripiers, et je me composai un costume de fort bon goût. J'allai de là chez un loueur de chevaux, j'en choisis un sur lequel je me redressai de mon mieux. Je ne pus trouver de laquais à louer le premier jour. J'allai dans la rue Mayor et je m'arrêtai devant une boutique de harnais, en ayant l'air de choisir un équipage pour mon cheval.

Je fus joint, au bout de quelques instants, par deux cavaliers de bonne mine, bien montés; ils me demandèrent si j'avais intention d'acheter un harnais garni d'argent, que j'examinais. A cette question je cessai de m'occuper du harnais, et je leur fis mille politesses en liant avec eux la conversation. L'un d'eux portait sur la poitrine une broderie d'ordre, l'autre une chaîne de diamants que je reconnus pour les signes distinctifs d'un ordre et d'une commanderie. Ils me dirent qu'ils allaient se promener au Prado, et je leur demandai la permission de me joindre à eux. Je priai le marchand, s'il voyait venir mes pages et mon laquais, de les envoyer au Prado, et je lui indiquai ma livrée ; puis je me plaçai entre les deux cavaliers et nous nous mîmes en chemin. Cet arrangement m'enchantait d'autant plus, que, pour ceux qui nous voyaient passer, il était impossible de déterminer à qui appartenaient ces pages et ces laquais, pas plus que de désigner celui de nous trois qui n'en avait pas. Nous causâmes longuement du carrousel de Talavera ; d'un cheval couleur porcelaine que je disais posséder ; et je leur vantai un autre cheval rouan qu'on devait m'amener de Cordoue. Dès que je rencontrais un page ou un laquais conduisant un cheval, je le faisais arrêter, je lui demandais à qui était la bête, j'en examinais les marques, et je demandais si elle était à vendre. Je priais qu'on lui fît faire sous mes yeux deux tours de rue ; et eût-elle été parfaite, j'avais toujours soin de lui trouver quelque défaut, et j'indiquais le moyen de le corriger. Le bon hasard voulut qu'il se présentât, pendant notre promenade, plusieurs occasions de ce genre ; mes compagnons étaient tout interdits et semblaient se demander quel était ce diable d'écuyer. Je leur dis que j'étais à la recherche de bons chevaux pour moi et pour un mien cousin, pour une fête à laquelle nous étions invités. Nous arrivâmes de la sorte au Prado. En y entrant, je dégageai mon pied de l'étrier, je portai le talon en arrière, et mettant mon cheval au pas, je parcourus lentement la promenade. J'avais mon manteau rejeté sur l'épaule, mon chapeau à la main. Tout le monde me regardait ; l'un disait : « Je l'ai vu à pied ; » un autre : « Le drôle en prend à son aise. » Je faisais semblant de ne rien entendre et je continuais ma promenade.

Nous joignîmes une voiture dans laquelle étaient des dames, et les deux cavaliers me proposèrent de leur faire notre cour. J'acceptai : je leur cédai le côté des plus jeunes et me plaçai à la portière des deux plus âgées, qui étaient la mère et la tante.

Ces dames étaient fort aimables : l'une avait environ cinquante ans, l'autre un peu moins. Je leur dis mille choses tendres qu'elles voulurent bien écouter — car il n'y a femme au monde, quelque vieille quelle soit, qui ait autant d'années que de présomption. — Je leur dis que je serais trop heureux si je pouvais leur faire agréer quelque présent ; je leur demandai quelle était la position des jeunes dames : elles me répondirent qu'elles étaient demoiselles — on le jugeait, du reste, à les entendre. — Je répliquai, ce qui est d'usage en pareil cas, que je leur souhaitais vivement de les voir colloquées comme elles le méritaient. Le mot colloquées parut leur faire grand plaisir. Elles me demandèrent ensuite à quoi je m'occupais à Madrid. « Je fuis, leur dis-je, un père et une mère qui voudraient me marier, contre mon gré, avec une femme laide, sotte et mal née, mais possédant une grande dot. Et moi, mesdames, j'aime mieux une femme à peau blanche, qu'une juive brodée d'or ; la bonté de Dieu m'a donné un majorat de quarante mille ducats de rente, et si je sors victorieux d'un procès qui est en ce moment en bonne voie, je n'aurai besoin de rien. — Ah ! seigneur, combien je vous approuve ! me dit la tante avec vivacité ; ne vous mariez que selon votre goût et avec une femme de race..... Quelque peu riche que je sois, je n'ai pas encore voulu marier ma nièce — et il s'est présenté pour elle de riches prétendants — parce qu'aucun n'était de qualité. Elle est pauvre, elle n'a que six mille ducats de dot, mais elle ne doit rien à personne sous le rapport du sang. — Je vous crois, madame, lui répondis-je. »

En ce moment les deux demoiselles mirent fin à la conversation en demandant à mes amis de leur faire servir quelque collation. Tous deux se regardaient avec embarras, et leurs barbes en tremblaient. Je devinais que les deux nobles chevaliers étaient pris à court ; et m'emparant de l'occasion, je m'écriai que je regrettais l'absence de mes pages, que j'eusse envoyés à l'instant chez moi prendre des caisses de confitures que je venais de recevoir. On me remercia de ma gracieuse intention, et je suppliai ces dames de venir le lendemain à la Casa del Campo[3], où je serais bien heureux de leur offrir une collation. Elles acceptèrent à l'instant, m'indiquèrent leur demeure et me demandèrent la mienne ; puis leur voiture les emmena. Je repris avec mes compagnons le chemin de la ville. Mon empressement à l'endroit de la collation m'avait acquis leur affection ; et pour m'en donner le témoignage ils me supplièrent de venir souper avec eux. Je me fis un peu prier, puis je montai à leur logis, de temps à autre envoyant pour chercher mes valets, et jurant de les chasser le lendemain. Quand dix heures sonnèrent, je leur dis que j'avais un rendez-vous galant, et leur demandai la permission de me retirer. Je les quittai, et nous convînmes de nous retrouver le lendemain soir à la Casa del Campo.

J'allai rendre mon cheval au loueur et je rentrai chez moi, où je trouvai mes deux suppôts jouant au quinola. Je leur racontai mon aventure ; nous tînmes conseil, et il fut arrêté que nous ferions servir la collation, et que nous y consacrerions deux cents réaux ; cela convenu, nous nous mîmes au lit.

J'avoue que je ne pus dormir de toute la nuit, et que je fis, tant qu'elle dura, mille projets sur l'emploi de la dot. Ce qui me souriait le plus était de faire bâtir une maison ou de la placer en rentes ; je ne savais trop ce qui serait le meilleur et ce qui me rapporterait le plus.

CHAPITRE XX

Continuation des aventures de Pablo ; nouveaux succès et notables disgrâces.

Il fit jour le lendemain, et nous nous levâmes tous pour nous occuper des valets, de la vaisselle et de la collation. Comme l'argent a pouvoir sur tout, qu'il n'est personne qui lui manque de respect, je m'abouchai avec un chef d'office de grande maison, qui, pour une bonne somme, mit à mes ordres de l'argenterie, trois valets, et se chargea de la collation. La matinée se passa à tout disposer, et, le soir, j'allai louer un nouveau cheval. A l'heure convenue, je me dirigeai vers la Casa del Campo. J'avais ma ceinture garnie de papiers et de mémoires, six boutons de mon pourpoint déboutonnés, et d'autres papiers apparaissaient par cette ouverture. J'avais été précédé par les dames et par mes amis de la veille ; on m'attendait. Les dames me reçurent avec toutes les marques possibles d'affection, les cavaliers me dirent *vous* au lieu de *Votre Grâce*, en signe de familiarité[1]. J'avais dit que je me nommais don Felipe Tristan, et ce ne fut, pendant toute la journée, que don Felipe par ci, don Felipe par là. Je m'excusai d'être arrivé le dernier, sur les occupations que me donnaient le service de Sa Majesté et les comptes de mon majorat ; j'ajoutai que j'avais eu un instant la crainte de manquer au rendez-vous, et j'engageai mes invités à se disposer, sans plus tarder, pour la collation.

Un instant après moi arriva le chef d'office avec son attirail, son argenterie et ses valets ; mes conviés ne faisaient que me regarder et ne savaient que dire. Je lui donnai ordre d'aller au cabinet de verdure, d'y dresser son service, et je proposai, en l'attendant, d'aller visiter les pièces d'eau. Les vieilles vinrent à moi pour me faire toutes sortes de cajoleries, et je pus enfin voir les jeunes personnes à visage découvert. Jamais, depuis que Dieu m'a octroyé mes entrées dans ce monde, je n'ai vu chose plus gracieuse et plus parfaite que celle vers qui je braquais mes espérances matrimoniales. Elle était blanche, blonde, rose, sa bouche était petite, ses dents menues et bien rangées, son nez bien fait, ses yeux grands, bien fendus et verts ; elle était convenablement grande, elle avait de jolies petites mains et l'accent un peu zezayant. L'autre n'était pas mal, mais elle avait une tournure plus délibérée et elle portait le nez trop en avant. Nous parcourûmes les jardins, visitant les pièces d'eau, et je découvris, pendant ce peu de temps, que ma fiancée en espérance eût couru de grands dangers du temps d'Hérode par excès d'innocence : elle ne savait pas parler. Du reste je ne demande pas une femme pour me conseiller ou pour me faire rire, mais bien pour coucher avec elle. Si elle est laide et spirituelle, c'est la même chose que coucher avec Aristote, avec Sénèque ou avec un livre. J'aime mieux qu'elle soit bien pourvue pour l'attaque et la défense. Cette pensée me consola.

Nous nous dirigeâmes vers le cabinet de verdure, et, en passant près d'un buisson, une branche accrocha la garniture de mon col et me le déchira un peu. Ma prétendue accourut, me l'attacha avec une épingle d'argent, et la mère me dit d'envoyer le col chez elle le lendemain, et que doña Ana — c'est ainsi que se nommait sa fille — me le raccommoderait. Tout allait à ravir, mes amours aussi bien que la collation, et tout fut trouvé à merveille, les fruits, les confitures et les sucreries.

Au moment où on desservait, je vis venir à travers le jardin un cavalier, suivi de deux laquais, et je reconnus en lui, au moment où je m'y attendais le moins, mon ancien maître et ami, don Diégo Coronel. Il s'arrêta devant moi et regarda alternativement mon costume et ma figure. Il s'approcha des dames, qu'il appela ses cousines, et pendant tout ce temps ne cessa de porter ses regards sur moi. Je parlais au chef d'office, et mes deux convives, qui paraissaient être les amis de don Diégo, avaient engagé avec lui une conversation très-animée. Il leur demanda mon nom, ainsi que je le reconnus depuis ; ils répondirent que je me nommais don Felipe Tristan, que j'étais un cavalier fort honorable et fort riche. Don Diégo me regardait et se signait. Enfin, en présence de ces dames, de tout le monde, il vint à moi. « Que Votre Grâce me pardonne, me dit-il. Dieu m'est témoin qu'avant qu'on m'eût appris votre nom, je vous prenais pour tout autre que vous êtes. Jamais je n'ai vu quelqu'un qui ressemblât autant à un valet nommé Pablillos, que j'avais à Ségovie, et qui était fils d'un barbier de la même ville. »

Tous se mirent à rire, et je me tins à quatre pour qu'un peu d'embarras ne vînt pas me trahir. Je lui répondis en souriant que j'avais le plus grand désir de voir cet homme auquel on m'avait dit plusieurs fois que je ressemblais beaucoup. « Jésus ! beaucoup ! reprit don Diégo, il ne peut y avoir de ressemblance plus frappante. La taille, l'organe, la tournure. En vérité, seigneur, j'en suis tout ébahi ; je n'ai jamais rien vu de semblable. »

Les deux dames, la mère et la tante se récrièrent, et prétendirent qu'il était de toute impossibilité qu'un cavalier d'autant de distinction pût avoir quelque chose de commun avec un semblable valet. « Je connais fort bien le seigneur don Felipe, ajouta l'une d'elles — sans doute pour se justifier de toute complicité dans les soupçons de don Diégo ; — c'est lui qui voulut bien, à la prière de mon mari, nous donner l'hospitalité à Ocaña. »

Je compris, et je répondis avec un profond salut que ma plus ardente volonté était et serait toujours de servir ces dames en toute occasion selon mes faibles moyens. Don Diégo me fit mille protestations de dévouement, et me demanda vivement pardon de l'offense qu'il m'avait faite en me prenant pour le fils d'un barbier. « Vous ne voudrez pas le croire, seigneur, ajouta le traître, sa mère était sorcière, son père filou, son oncle bourreau, et lui-même était le plus mauvais garnement, l'homme le plus pervers, que Dieu ait mis sur terre. »

Je n'en pouvais plus d'entendre en face des choses aussi honteuses. J'étais, quel que fût mon courage, sur des charbons ardents.

Enfin, on parla de rentrer. Je remontai à cheval avec les deux autres cavaliers, et don Diégo prit place dans la voiture de ces dames. Il leur demanda qui avait fait servir la collation et comment elles me connaissaient. La mère et la tante répondirent que j'étais un riche héritier de bon nombre de ducats et que je paraissais vouloir épouser Anita ; elles l'engagèrent à prendre des informations qui lui prouveraient, sans nul doute, que j'étais un parti non-seulement convenable, mais même fort honorable pour toute la famille. Ces dames rentrèrent ainsi à leur maison, qui était dans la rue de l'Arenal, près San Felipe. De notre côté, nous montâmes, comme la veille, au logis qu'occupaient mes deux amis. Ils me proposèrent de jouer, sans doute dans l'intention de me plumer ; je devinai la ruse, et néanmoins je consentis. Ils prirent des cartes : elles étaient dressées et façonnées comme des petits pâtés ; je perdis un tour et feignis de vouloir partir ; puis je leur gagnai environ trois cents réaux, avec lesquels je pris congé d'eux pour rentrer chez moi.

J'y trouvai mes deux camarades, le licencié Brandalangas et Pero Lopez, qui étudiaient, avec des dés, quelque merveilleuse tricherie. Dès qu'ils me virent, ils quittèrent tout pour me demander le récit de mes aventures de la journée. Je leur racontai tout de suite comment la rencontre de don Diégo m'avait mis dans une cruelle perplexité, et ce qui s'était passé entre lui et moi ; ils me consolèrent, me conseillant de dissimuler toujours et de ne reculer en aucune manière, ni pour aucune raison, devant le but que j'avais choisi. Ils me dirent alors qu'on jouait au lansquenet, ce soir-là, chez un apothicaire voisin ; j'étais devenu fort habile sur ce jeu, et j'en connaissais à merveille toutes les ruses. Nous résolûmes d'aller y faire un mort — c'est-à-dire y enterrer une bourse — et j'envoyai mes deux amis m'annoncer.

Ils demandèrent humblement qu'on voulût bien

admettre à la partie un frère de Saint-Benoît qui était malade, et qui, venu à Madrid chez une parente pour se soigner et se guérir, était muni d'une passable quantité de réaux de huit et d'écus. Cette confidence fit ouvrir de grands yeux. « Bravo ! s'écria-t-on de toutes parts ; vienne le frère. — C'est un homme fort considéré dans l'ordre, reprit Pero Lopez, et pendant qu'il en est momentanément dehors, il veut causer à son aise ; c'est surtout dans ce but qu'il désire être admis. — Qu'il vienne, qu'il vienne, et qu'il en soit selon son gré. — Et pour la bienvenue ? demanda Brandalangas. — Nous n'en parlerons pas, » dit vivement le maître du logis.

Mes acolytes vinrent me rejoindre ; j'étais déjà travesti. J'avais un mouchoir autour de la tête, un vêtement complet de bénédictin, que je m'étais procuré par hasard il y avait quelque temps, et des lunettes. Ma barbe, coupée court, me donnait une apparence de moine en congé qui ne nuisait nullement. J'entrai d'un air très-humble, je m'assis. Le jeu commença et s'engagea bien : tous s'entendaient comme larrons en tripot. Mais ils eurent beau s'entendre, j'en savais plus qu'eux ; je les menai bon train, et leur donnai de tels coups de griffe que, dans l'espace de trois heures, j'amenai à moi plus de treize cents réaux. Je déposai mon étrenne, murmurai d'un air contrit un « Loué soit le Seigneur, » priai mes victimes de ne pas se scandaliser de me voir jouer, ajoutant que c'était un passe-temps et rien de plus. Je les avais mis à sec, et ils se donnaient à tous les diables ; je pris congé d'eux et me retirai avec mes deux amis.

Il était une heure et demie du matin quand nous rentrâmes au logis ; nous partageâmes le gain et nous couchâmes. Le lendemain, entièrement rassuré sur mes craintes de la veille, je m'habillai de bonne heure et allai chercher mon cheval ; je n'en trouvai pas un à louer, ce qui me fit reconnaître qu'il y avait bien d'autres cavaliers de mon espèce. Il est de si mauvais ton d'aller à pied ! Je le sentais encore mieux maintenant que j'y étais contraint. J'allai vers l'église de San Felipe, et j'aperçus le laquais d'un licencié tenant un cheval par la bride et attendant son maître, qui était descendu pour aller écouter la messe. Je lui mis quatre réaux dans la main et lui demandai, pendant que son maître était à l'église, de me laisser faire deux tours dans la rue de l'Arenal; c'était là que demeurait ma dame. Il y consentit; je montai et fis deux tours dans le haut de la rue, deux tours dans le bas, sans voir personne ; au troisième, doña Ana parut. Dès que je l'aperçois, je veux faire caracoler mon cheval : mais je ne connaissais pas ses habitudes et je n'étais pas excellent cavalier ; je lui donne deux coups de cravache, je relève la main : il se cabre, puis, lançant deux ruades, il se met à courir et se jette avec moi, les oreilles en avant, dans un tas d'ordures. A l'instant tous les enfants du quartier m'entourent, et je me relève furieux au dernier point d'une semblable mésaventure arrivée en présence de ma dame. « Fils de garce ! m'écriai-je tout haut, maudit soit celui de qui je te tiens ! On m'avait averti de tes caprices ; j'ai eu tort de vouloir les combattre. » Le laquais avait couru à son cheval, qui s'était arrêté de suite ; je me remis en selle, et au même moment, attiré par le bruit, parut à la fenêtre don Diégo Coronel, qui se trouvait dans la même maison que ses cousines. Sa vue manqua me faire perdre contenance. Il me demanda si je m'étais blessé : je lui répondis que non, bien que j'eusse une jambe contusionnée.

Le laquais me priait tout bas de laisser là le cheval, de crainte que je ne fusse aperçu par son maître, qui allait bientôt sortir pour se rendre au palais. Le malheur me poursuivra partout! Au moment même l'avocat arrive par derrière, s'empare de son valet, l'accable de coups de poing, et lui reproche à très-haute voix d'avoir prêté son cheval. Il ne s'en tient pas là : il vient tout droit à moi et m'invite, d'un air fort courroucé et en jurant Dieu, à mettre pied à terre.

Tout cela se passait sous les yeux de ma dame et en présence de don Diégo. Jamais homme roué de coups, fouetté et bâtonné, n'eut si grande honte. J'étais accablé, et ce n'était pas à tort, d'être, à deux pas de distance, la victime de deux disgrâces aussi humiliantes. A la fin il me fallut descendre ; l'avocat reprit sa place et s'en alla. Pour donner une défaite passable, je m'adressai à don Diégo et m'avançai jusqu'au-dessous de la fenêtre où il était placé. « Jamais, lui dis-je, je n'ai monté de ma vie une plus mauvaise bête. J'étais venu à San-Felipe sur un cheval aubère fort emporté et très-coureur. Je disais à mes amis comment je le fais courir et s'arrêter ; ils me répondirent qu'ils en connaissaient un que je ne dompterais pas aussi facilement : c'était celui de ce licencié. Je voulus l'essayer. Vous ne pouvez vous imaginer combien ce maudit animal a les hanches dures, et c'est miracle qu'avec une aussi mauvaise selle je ne me sois point tué. — C'est la vérité, répondit don Diégo, et il me paraît que Votre Grâce s'est blessée à la jambe.—En effet, repris-je ; aussi vais-je retrouver mon cheval et regagner mon logis. »

Doña Ana parut aussi satisfaite de me voir hors de danger qu'elle avait été émue et effrayée de ma chute ; mais don Diégo conserva un soupçon de l'affaire du lettré et de ce qui s'était passé dans la rue.

Un malheur n'arrive jamais seul ; il m'en arriva bien davantage. Le plus grand, qui entraîna les autres, fut qu'en rentrant chez moi, je courus rendre visite à un coffre dans un coin duquel j'avais déposé tout l'argent qui me restait de mon héritage, et mon gain de la nuit précédente, moins cent réaux que j'avais sur moi ; tout avait disparu : le bon licencié Brandalangas et son ami Pero Lopez s'en étaient chargés et n'étaient pas rentrés. Je restai comme mort, et ne sachant comment remédier à cette terrible perte. « Malheur, me dis-je tout bas, à qui se fie sur un bien mal acquis ; il s'en va comme il est venu ! Malheureux que je suis ! Que ferai-je ? Vais-je me mettre à leur poursuite ? Irai-je porter plainte à la justice ? Si je veux les poursuivre, où les trouverai-je ? S'ils sont pris, ils dénonceront mes fredaines et m'enverront mourir à la potence. »

Tout bien calculé, pour ne pas perdre encore le mariage que j'espérais — et je comptais sur la dot pour réparer toutes mes pertes — je me résolus à rester et à en presser la conclusion. Je dînai, et le soir j'allai louer mon cheval et me promener dans la rue de ma belle. Comme je n'avais pas de laquais et que je ne voulais pas paraître n'en pas avoir, j'attendis, au coin de la rue, que je visse passer quelque homme qui en eût l'apparence, et je le précédai, le mettant ainsi à mon service à son insu. Arrivé au bout de la rue, je m'arrêtais jusqu'à ce qu'il en vînt un autre, et je faisais ainsi un autre tour.

Don Diégo cependant conservait la persuasion

que j'étais bien le fripon qu'il avait connu autrefois ; il ne se payait pas trop de l'histoire de mon cheval aubère, et mon aventure avec le laquais de l'avocat lui semblait fort mal expliquée. Il se mit à m'épier, à s'informer de moi et de la manière dont je vivais. En même temps je cherchais à presser notre conclusion, et ces dames, qui voulaient en finir, pressaient don Diégo. Il fit tant enfin, qu'il sut la vérité de la manière du monde la plus imprévue. Il rencontra un jour le licencié Flechilla — le même chez qui je m'étais invité à dîner lorsque je vivais avec les chevaliers d'industrie — et celui-ci, me gardant rancune de n'être pas retourné le voir, se plaignit à don Diégo, dont il savait que j'avais été le valet ; il lui raconta comment et dans quelle tenue je l'avais accosté un jour, comment il m'avait reconnu la veille à cheval sous un costume fort élégant, et comment je lui avais raconté que j'allais faire un très-riche mariage. Don Diégo n'en demanda pas plus long et retourna chez lui. Près de la Puerta del Sol, il aperçut nos deux amis, le commandeur et le chevalier de Santiago : il courut à eux, leur conta l'aventure, et les engagea à venir me guetter le soir même dans la rue de l'Arenal, afin de m'y laver la tête. Il les prévint qu'ils me reconnaîtraient à son manteau, qu'il me ferait prendre. Les cavaliers acceptèrent la partie avec empressement. Vers la fin de la journée je les rencontrai tous les trois : ils dissimulèrent de telle sorte que je ne pouvais croire avoir jamais eu de meilleurs amis. Nous tînmes conseil sur ce qu'il serait convenable de faire en attendant l'*Ave Maria*. Puis les deux cavaliers nous quittèrent et descendirent la rue ; don Diégo et moi restés seuls, nous nous dirigeâmes vers San-Felipe. A l'entrée de la rue de la Paz, don Diégo m'arrêta.

« Sur mon âme, don Felipe, me dit-il, changeons
de manteau ; il faut que je passe dans cette rue, et
je ne veux pas être reconnu. — Avec grand plaisir,
lui répondis-je. » L'échange se fit à l'instant ; je lui
offris mes services, s'il avait besoin d'un coup d'é-
paule ; mais comme c'était aux miennes qu'il en voulait, il me témoigna le désir d'être seul, et je m'en
allai.

Je l'avais à peine quitté, que deux sacripans qui
l'attendaient pour lui administrer une correction au
nom de quelque petite femme, me prenant pour
lui à mon manteau, m'assaillirent et firent pleuvoir
sur moi une grêle de coups de plat d'épée ; je criai,
ils reconnurent à ma voix que j'étais un autre, et
s'enfuirent, me laissant sur les épaules la créance de
don Diégo, et sur la figure trois ou quatre contusions.
Je m'arrêtai un instant, n'osant plus paraître dans
la rue.

Cependant, à minuit, heure à laquelle je venais
causer avec doña Ana, j'arrive à sa porte, je m'an-
nonce par le signal accoutumé ; au même instant
l'un des deux cavaliers qui me guettaient pour don
Diégo me barre le passage, m'assène deux coups de
bâton sur les jambes et me renverse sur le sol ;
l'autre arrive et me fait une saignée d'une oreille à
l'autre. Puis ils m'enlèvent ma cape et me laissent
dans la rue en me disant : « C'est ainsi qu'on punit
les fripons et les imposteurs de bas étage. »

Je me mis à crier et à demander confession ;
et comme j'ignorais par qui j'avais été assailli, je
pensai que ce pouvait être l'hôte de chez qui j'étais
sorti à l'aide de l'Inquisition, ou le geôlier dont je
m'étais joué, ou les camarades qui m'avaient volé ;
enfin, j'attendais cette correction de tant de côtés à
la fois, que je ne savais à qui je devrais en tenir

compte. Mais je ne soupçonnai pas un instant ni don Diégo ni ses amis. J'appelai, je criai au voleur, à l'assassin ; la justice accourut et me releva. J'étais sans cape, avec une rigole longue d'une palme à travers la figure ; on m'enleva pour me faire soigner. On me porta chez un barbier qui me pansa, puis on me demanda où je demeurais, et l'on m'y conduisit. Je me couchai et je passai une nuit bien triste et bien agitée ; j'avais le visage divisé en deux régions, le corps contusionné, les jambes tellement meurtries de coups de bâton que je ne pouvais me tenir debout. J'étais blessé, volé, défiguré ; je ne pouvais plus revoir mes amis ni poursuivre mon mariage ; je ne pouvais rester à Madrid ni en sortir,

CHAPITRE XXI.

Pablo se guérit et court d'autres aventures.

Le lendemain, dès l'aube, j'aperçus au chevet de mon lit l'hôtesse de la maison. C'était une vieille de bien, de l'âge de Mars, cinquante-cinq ans, armée d'un grand chapelet, et dont le visage était sec et ridé comme une coquille de noix. Sa réputation était grande dans le quartier ; elle en faisait bon marché avec tous ceux qui la lui empruntaient. Elle aimait à satisfaire les désirs, elle prêtait la main aux plaisirs. On la nommait le bon Guide ; elle louait sa maison et s'employait à louer les autres. Dans toute l'année son logis n'était jamais vide. Il fallait voir comment elle enseignait aux jeunes filles à se voiler, leur disant surtout ce qu'elles devaient laisser voir de leur visage. A celle qui avait de belles dents, elle conseillait de rire toujours, même en pleurant ; à celle qui avait de jolies mains, elle donnait des leçons d'escrime ; elle enseignait à la blonde de laisser flotter ses cheveux en boucles sous la toque et sur les épaules ; à celle qui avait de beaux yeux, elle apprenait tous ces mouvements langoureux, ces clignotements, ces élans vers le ciel. Elle en remontrait aux plus savantes dans l'art de composer des fards ; une femme fût-elle noire comme un corbeau, elle la blanchissait de telle sorte, que le mari ne la reconnaissait plus lorsqu'elle rentrait chez elle. Mais ce en quoi elle était le plus habile, c'était à refaire les virginités et à réparer les demoiselles. En huit jours que je passai chez elle, je la vis faire tout cela; et pour comble, elle enseignait comment on s'y prend pour plumer une victime et quels petits discours il faut employer. Elle professait les différentes manières d'entortiller un galant : les fillettes, par gentillesse ; les jeunes filles, par faveur, et les vieilles, par dévouement. Elle apprenait comment il faut demander de l'argent, comment on demande une chaîne ou des bagues. Elle citait pour exemple la Vidaña, sa rivale d'Alcala, et la Planosa, son émule de Burgos, des femmes à qui rien ne résistait.

J'ai cru ce portrait nécessaire, afin qu'on ait de moi quelque pitié en songeant aux mains dans lesquelles j'étais tombé, et on comprendra mieux les discours que me tint mon hôtesse, qui ne parlait que par proverbes, ainsi qu'on peut en juger.

« A toujours prendre et ne rien mettre, me dit-elle, on voit bientôt le fond du sac ; selon la poussière la boue ; selon la noce le gâteau. Je ne te comprends guères, mon fils, et je ne sais pas ta ma-

nière de vivre ; tu es jeune, aussi je ne m'étonne
pas que tu fasses fausse route, sans penser que tout
en dormant nous marchons vers la tombe. Je ne
suis plus qu'un tas de terre, mais je puis, mon enfant, t'indiquer ton chemin. Il m'est revenu que tu
as dépensé beaucoup de bien sans savoir comment;
qu'on t'a vu, ici, tantôt étudiant, tantôt coquin
fieffé, tantôt cavalier, et tout cela au profit des
autres. Dis-moi qui tu hantes, mon fils, je te dirai
qui tu es ; la brebis recherche sa pareille ; mais
sache que de la main à la bouche se perd souvent
la soupe [1]. Allons donc, nigaud ! Si les femmes te
mettent martel en tête, n'oublie donc pas que je
suis sur cette terre l'inspectrice perpétuelle de cette
sorte de marchandise, que je vis des services que je
rends, que je fais leur éducation, que je les forme et
qu'il y en a toujours dans la maison. Au lieu de
t'adresser à moi, tu t'en vas, avec un fripon et un
autre fripon, à la poursuite d'une poupée de céruse
et d'amidon qui t'en a donné à retordre. Sur ma
foi, mon fils, tu eusses épargné bien des ducats si tu
te fusses adressé à moi, car moi je ne tiens pas à
l'argent : je le jure sur les âmes de ceux que j'ai
perdus, et puisse aussi bien m'échoir un bon mariage, je ne te demanderais pas, à l'heure qu'il est,
un maravédis de ce que tu me dois pour ton logement, si je n'en avais besoin pour acheter des
simples et des petites bougies. » La bonne femme
allait sur les brisées des apothicaires. Elle se graissait
les mains pour s'en aller par le chemin de la fumée
tenir conseil avec les sorcières, ses pareilles [2].

Je remarquai qu'elle finissait son discours ou son
sermon en me demandant de l'argent ; c'est d'ordinaire par là que les autres commencent. Elle ne
m'avait du reste encore fait cette demande qu'une

fois depuis que j'étais son hôte, et ce jour-là elle était venue me donner des explications sur je ne sais quelle imputation de sorcellerie à la suite de laquelle on avait voulu la prendre, et elle s'était cachée. Elle m'expliqua le fait et me dit qu'il s'agissait d'une autre portant le même surnom. Il ne faut pas nous étonner si nous sortons de la bonne voie avec de tels guides.

Je me mis en devoir de payer mon hôtesse ; or, pendant que je lui comptais son argent, le malheur, qui jamais ne m'oublie, et le diable, qui toujours pense à moi, voulurent que des recors fussent envoyés pour l'arrêter sous accusation de concubinage, et on savait que son amant était dans la maison. Les recors entrèrent dans ma chambre ; me voyant au lit et elle auprès de moi, deux d'entre eux me prirent pour celui qu'ils cherchaient, me tirèrent dehors et me traitèrent fort rudement. Les deux autres, pendant ce temps, s'emparèrent de l'hôtesse, en l'appelant sorcière et maquerelle[3]. Pouvait-on dire cela d'une femme qui menait la vie que j'ai dite ? Au bruit qu'ils firent en nous arrêtant, aux cris que m'arracha la douleur, l'amant de la belle, qui était dans une pièce voisine, chercha à s'échapper. Les recors, qui l'aperçurent, et à qui un autre habitant du logis avait appris que je n'étais pour rien dans leur mandat, coururent après lui, l'empoignèrent et me laissèrent là, fort meurtri et fort maltraité, mais riant, malgré ma douleur, de tout ce qu'ils débitaient à l'hôtesse. « Qu'une mitre vous ira bien, disait l'un, et que je serai heureux de voir mettre trois mille navets à votre service[4]. — Les seigneurs alcades, disait l'autre, vous ont déjà choisi des plumes afin que vous soyez parée pour votre entrée. » Enfin, ils attachèrent côte à côte leurs deux prisonniers, me demandèrent pardon de leur erreur et me laissèrent seul.

Je restai huit jours encore dans cette maudite maison, souffrant beaucoup et ne pouvant sortir. On me fit une douzaine de points sur la figure, et il me fallut prendre des béquilles. De plus, je me trouvai sans argent ; je venais de dépenser le dernier de mes cent réaux à payer l'hôtesse, les barbiers, les drogues, le logis et la nourriture. Je pris alors le parti d'aller, avec mes béquilles, vendre ma défroque de cavalier, mes beaux pourpoints, mes cols brodés, mes chausses ; tout cela était fort bon encore. De l'argent que j'en tirai, j'achetai un vieux colletin de cuir de Cordoue, un large pourpoint de toile d'étoupe, un gaban de pauvre rapiécé, mais propre, des guêtres et de vastes souliers. Je me renversai sur la tête le collet de mon gaban, je pendis à mon cou un christ de cuivre, et un rosaire à mon côté. Je cachai dans la doublure de mon pourpoint soixante réaux qui me restaient, puis je me fis pauvre, confiant en ma bonne langue. Un pauvre, qui savait parfaitement son état, m'apprit à donner à ma voix un ton douloureux, m'enseigna quelques phrases bien larmoyantes, et je me traînai pendant huit jours par les rues de la ville. « Donnez, bon chrétien, disais-je d'une voix exténuée : donnez, serviteur de Dieu, au pauvre estropié : il est sans ressource et il a faim. »

C'était là ma formule de la semaine ; mais pour les jours de fête j'en avais une autre que je débitais sur un ton différent. « Fidèles chrétiens, disais-je, dévots du Seigneur, au nom de la reine des anges, mère du Christ, faites l'aumône au pauvre perclus, frappé par la main de Dieu. » Je m'arrêtais un instant, chose des plus importantes, et je reprenais : « Le mauvais air et une heure fatale m'ont frappé pendant que je travaillais dans une vigne, et mes membres sont restés perclus. Je me suis vu sain et robuste comme vous tous, et comme je demande à Dieu qu'il vous conserve..... Loué soit le Seigneur ! »

Là-dessus pleuvaient les doubles maravédis, et je gagnais beaucoup d'argent. J'eusse gagné bien davantage, si je n'avais eu un concurrent redoutable. C'était un gros garçon, laid comme le péché, manchot des deux bras, estropié d'une jambe, qui parcourait les mêmes rues que moi dans une charrette, et recueillait beaucoup plus d'aumônes parce qu'il parlait fort mal. « Prenez pitié, serviteurs de Jésus-Christ, disait-il d'une voix rauque en terminant par un cri de fausset, prenez pitié des maux que le Seigneur m'a envoyés pour mes péchés. Donnez au pauvre, c'est Dieu qui recevra. Donnez au nom du bon Jésu....... »

Il récoltait en abondance. Je remarquai qu'il ne disait pas Jésus : il ôtait l's ; cela donnait plus de componction à sa prière. Je compris sa leçon, je changeai mes phrases, et ma recette augmenta merveilleusement.

Du reste, j'étais digne de compassion avec mes deux béquilles, et mes deux jambes étaient enveloppées, attachées ensemble, enfermées dans un sac de cuir. Je passais la nuit sous la porte d'un chirurgien avec un pauvre du quartier — l'un des plus effrontés coquins que Dieu ait créés. — Il était fort riche, et nous le considérions comme notre recteur ; il gagnait plus que tous les autres. Il se serrait un bras près de l'épaule avec un cordon, de sorte que sa main était gonflée et son bras tout enflammé ; il avait près de lui un coussin sur lequel reposait ce bras malade et immobile, et il se tenait la tête basse. « Considérez, disait-il d'une voix dolente, les afflictions que

Dieu envoie au chrétien ! » Si une femme passait :
« Belle dame, lui criait-il, Dieu conduise votre
âme. » Et toutes les femmes du quartier passaient à
dessein devant lui et lui faisaient l'aumône pour
être appelées belle dame. S'il voyait venir un soldat : « Ah ! seigneur capitaine ! » Si c'était un
homme, mal ou bien mis : « Ah ! seigneur cavalier ! »
A ceux qui passaient en voiture, il disait : « Votre
Seigneurie. » Au clerc qui venait sur une mule :
« Seigneur archidiacre. »

En un mot, il flattait d'une manière terrible. Je
me liai avec lui d'une telle amitié, qu'il me confia
une idée avec laquelle nous fûmes riches en deux
jours. La voici : Il avait trois petits enfants qui s'en
allaient par les rues demandant l'aumône et volant
tout ce qu'ils pouvaient. Ils lui rendaient compte et
il gardait tout. Il avait deux enfants de chœur avec
lesquels il partageait les saignées qu'ils parvenaient
à faire aux troncs des églises. Avec les conseils et les
leçons d'un si bon maître, j'acquis bientôt un talent égal, et j'exploitai aussi à merveille toute cette
petite engeance. En moins d'un mois j'étais possesseur de plus de deux cents réaux. Plus tard, il
me confia une nouvelle invention pour laquelle
nous nous associâmes. Jamais mendiant n'eut une
idée plus industrieuse. Nous enlevions chaque jour,
à nous deux, quatre ou cinq enfants ; on les faisait
réclamer à son de trompe ; nous allions, l'un ou
l'autre, en demander le signalement. « En vérité,
disions-nous, c'est celui-là même que j'ai recueilli
à telle heure, et sans moi un carrosse l'écrasait ; il
est dans mon logis. »

Nous rendions l'enfant, et on nous donnait la récompense. L'affaire fut excellente et nous enrichit
de telle sorte, que j'amassai cinquante écus d'or

Pendant ce temps mes jambes s'étaient guéries, bien que je les tinsse toujours enveloppées. Je résolus alors de quitter Madrid et de m'en aller à Tolède, où je ne connaissais personne, en même temps que personne ne me connaissait. J'achetai un habillement gris avec l'épée et le petit collet, et je pris congé de mon ami Valcazar — le pauvre dont je viens de parler — pour chercher dans les hôtelleries une occasion d'aller à Tolède.

CHAPITRE XXII.

Don Pablo se fait comédien, poëte, galant de nonnes. Des avantages de chaque profession.

Je trouvai dans une auberge une compagnie de comédiens qui s'en allaient à Tolède. Leur équipage se composait de trois charrettes. Dieu voulut qu'au milieu d'eux je reconnus un de mes anciens camarades d'Alcala, qui avait renié pour se faire histrion. Le brave garçon eut d'abord grand'peine à se souvenir de moi; mais enfin, après maint signe de croix, il me tendit la main et nous renouâmes connaissance. Je lui dis que je quittais Madrid et qu'il m'importait d'aller à Tolède, et il me fit l'amitié — pour mon argent, bien entendu — d'obtenir pour moi de ses confrères une place au milieu d'eux. Nous nous entassâmes tous pêle-mêle, hommes et femmes. Dans le chariot où j'étais monté se trouvait la danseuse de la troupe, qui faisait en même temps les reines et les rôles graves de la comédie.

Elle avait un minois des plus agaçants. Son mari était à côté de moi, et, sans savoir à qui je parlais, poussé par le désir d'amour, je lui dis : « Cette femme est bien belle. Comment pourrait-on lui parler et lui proposer de dépenser vingt écus avec elle ? — Il ne me va guères de vous en indiquer les moyens ni de traiter l'affaire avec vous, me répondit mon voisin, puisque je suis son mari ; mais je puis avouer sans vanité comme sans passion — car je n'en ai aucune — qu'on peut bien dépenser quelque argent avec elle, car on ne rencontre pas souvent une telle fraîcheur ni un semblable enjouement. »

Cela dit, il sauta hors du chariot et s'en alla monter dans un autre, sans doute pour me laisser libre de parler à la princesse. Le procédé du mari me sembla fort plaisant, et me prouva qu'on peut bien dire que ces gens-là ont des femmes comme s'ils n'en avaient pas. Je profitai de l'occasion ; la danseuse me demanda où j'allais, s'informa de mes ressources, de mon existence ; en un mot, après une longue et agréable conversation, nous remîmes jusqu'à notre arrivée à Tolède le reste de l'affaire.

Pendant le trajet, je me mis à réciter un passage de la comédie de saint Alexis, que j'avais apprise quand j'étais enfant, et je le récitai de telle sorte, que mes compagnons de voyage en furent ébahis. Comme ils savaient quelque chose de mes disgrâces et de mes ennuis, que j'avais racontés tout au long à mon camarade d'Alcala, ils s'en vinrent me proposer de me mettre en danse avec eux. Cette vie de farandole me tenta tellement, et j'avais d'ailleurs un tel penchant pour la danseuse et un tel besoin d'attachement, que je consentis. Je m'engageai pour deux années avec l'auteur [1] ; nous signâmes un traité ;

il m'assigna ma part, me désigna un emploi, et nous arrivâmes à Tolède.

J'eus de suite à apprendre trois ou quatre prologues et de petits rôles choisis selon ma taille et selon ma voix ; je le fis avec zèle, et enfin vint le jour de mon début. J'entrai en scène : il était question d'un navire — il n'y a pas de prologue sans navire — ce navire arrivait désemparé et sans provision ; j'eus à dire : « Voici le port ; » j'appelai « sénat » les gens qui se trouvaient là, je demandai pardon des fautes[2], je me tus et je m'en allai. Il y eut des bravos, et, à dater de ce jour, j'eus des succès au théâtre.

On mit à l'étude une comédie composée par un de nos camarades ; je fus fort surpris que les comédiens fussent poëtes ; je croyais que ce titre n'appartenait qu'à des hommes doctes et savants, et non à des êtres aussi complétement ignorants. Mais cela est venu à un tel point, qu'il n'y a pas un chef de troupe qui n'écrive des comédies, pas un comédien qui ne fasse sa farce de Maures et de chrétiens ; et je me souviens cependant que dans le principe il n'y avait de comédies que celles du bon Lope de Rueda et de Naharro[3].

Enfin nous représentâmes notre comédie, et personne n'y comprit rien, ce qui ne nous empêcha pas de la reprendre le lendemain. Elle commençait par une bataille ; j'entrais en scène armé de toutes pièces, avec la rondache ; et sans cette circonstance, j'eusse succombé sous la pluie de coings, de concombres et de trognons de toute espèce qui nous arriva. Jamais on ne vit un tourbillon semblable, et la comédie le méritait bien. On y voyait un roi de Normandie qui, hors de tout propos, se faisait ermite ; puis un intermède composé de deux laquais bouffons, et enfin, au dénoûment de l'intrigue, tout le monde se mariait... et bonsoir ! Nous n'avions que ce que nous méritions.

Nous traitâmes fort mal notre camarade le poëte; et comme je lui remontrais à quel danger nous avions échappé, il me répondit qu'il n'y avait rien de lui dans cette comédie ; qu'en prenant à l'un un morceau, à l'autre un autre, il avait fabriqué du tout un manteau de pauvre, et que tout le mal venait de ce que les coutures avaient été mal faites. Il m'avoua que les comédiens-poëtes étaient tous sujets à restitution, parce qu'ils profitaient des rôles qu'ils avaient joués ; que l'appât de deux ou trois cents réaux rendait communs ces petits larcins. Puis, quand une compagnie voyage, il ne manque pas sur son chemin de gens qui viennent lui offrir des comédies ; on les prend pour les lire et on ne les rend pas ; on y ajoute une niaiserie, on retranche quelque chose de bien dit, et l'on s'en déclare l'auteur. « Jamais comédien, ajouta-t-il, n'a fait un acte d'une autre manière. »

Cette manière d'agir ne me parut pas des plus mauvaises ; je fus tenté d'en essayer, et je me sentis tout à coup le feu sacré de la poésie. Je connaissais quelques-uns de nos poëtes ; j'avais lu Garcilaso ; j'en savais assez pour pratiquer l'art avec succès ; je me mis à l'œuvre, et je passai ainsi ma vie entre la poésie, l'amour de la danseuse et les représentations. Au bout d'un mois de séjour à Tolède, nous avions joué beaucoup de bonnes comédies et obtenu du public le pardon de nos erreurs passées ; j'avais déjà une certaine réputation ; on me nommait Alonsete, du nom d'Alonso que j'avais pris dès mes débuts[4], et on me surnommait le Cruel, du titre d'un rôle que j'avais rempli à la grande satisfaction du parterre et de la populace. Ma fortune marchait : j'avais déjà trois habillements complets, et les directeurs de plusieurs compagnies voulaient me débaucher. Je faisais l'entendu; je critiquais les comiques en renom; je reprenais Pinedo sur ses gestes : je donnais mon approbation au jeu naturel de Sanchez; je disais de Morales qu'il était délicieux⁵; on me demandait mon avis pour les décorations et pour la mise en scène. Si quelqu'un proposait de lire une comédie, c'était moi qui l'écoutais. Enfin, infatué de ces succès, je donnai ma virginité de poëte en essayant quelques stances, puis un intermède qui ne fut pas trouvé mauvais. Cela fait, j'osai une comédie, et, afin qu'elle ne pût manquer d'être une chose divine⁶, je pris pour titre *Notre-Dame du Rosaire*. Elle commençait par la symphonie de rigueur; on y voyait les âmes du purgatoire et les démons parlant le langage reçu — bou... bou... ou... ou, en entrant en scène, et ri... ri... i...i... i, en sortant. Ma comédie eut du succès; on applaudit surtout des strophes où j'avais mis le nom de Satan, et des stances où je racontais sa chute du ciel et le reste.

Je n'eus bientôt plus assez de mains pour composer; j'étais assailli par tous les amoureux; les uns voulaient des couplets sur des sourcils, les autres sur des yeux; celui-ci à propos de mains, celui-là des stances pour des cheveux. J'avais un prix fixe pour chaque chose; et comme il y avait d'autres boutiques, je travaillais à bon marché, afin d'achalander la mienne. Je fournissais de cantiques les sacristains et les sœurs converses; les aveugles seuls m'eussent fait vivre en oraisons, qu'ils payaient huit réaux la pièce. C'est alors que je fis celle du *Juste Juge*, qui était grave, harmonieuse et pleine d'action, et que j'écrivis pour un aveugle, qui se les est attribuées, ces fameuses strophes qui commencent ainsi :

> Mère du Verbe incarné,
> Fille du divin Père,
> Fais-moi la grâce virginale, etc.

Je fus le premier qui mis à la mode de terminer les strophes comme on termine les sermons, en y plaçant d'abord « la grâce, » puis « la gloire, » comme dans ce couplet d'un captif de Tétuan :

> Demandons avec confiance
> Au divin roi, Dieu tout-puissant,
> Qui voit notre persévérance,
> De nous accueillir en sa grâce,
> Puis à la gloire des cieux. Amen.

J'avais le vent en poupe, j'étais riche, heureux, et déjà j'aspirais à être directeur. Il m'arriva, un jour que je travaillais à une comédie, une aventure originale que je vais vous raconter, bien qu'elle soit un peu à ma honte. J'avais l'habitude, quand je composais, de me promener dans ma chambre et de réciter toutes mes tirades comme si j'eusse été au théâtre. Ce jour-là donc, j'écrivais une scène de chasse ; la servante du logis montait l'escalier, qui était étroit et obscur, et m'apportait mon dîner ; le diable voulut qu'elle arrivât à la porte de ma chambre au moment même où je récitais avec de grands cris cette strophe de ma scène :

> Fuyez ! fuyez ! gardez-vous de cet ours,
> Il m'a blessé, il est furieux,
> Et va se précipiter sur vous !

La brave fille m'entend : elle était Galicienne, et partant des plus simples ; croyant que je l'avertis de se sauver, elle veut fuir ; dans le trouble elle marche sur ses jupes, et roule dans l'escalier ; elle renverse la soupe, brise les plats, et se sauve dans la rue en criant : « A l'aide, un ours est dans la maison, il a tué un homme ! »

J'entends ses cris, je descends, et je trouve tous les voisins demandant où est l'ours. Alors je leur racontai la cause de la peur de la servante, et j'eus beaucoup de peine à les persuader. Je fus obligé de jeûner ce jour-là, et pour comble d'ennui l'aventure fut connue de mes camarades et devint en un instant la fable de toute la ville.

Quelques aventures de ce genre m'arrivèrent pendant que je faisais le métier de poëte, et il survint une catastrophe qui m'acheva. Mon auteur — ils sont tous de même — avait des créanciers. Ceux-ci, sachant qu'il avait fait à Tolède d'assez bonnes affaires, le firent exécuter et mettre en prison. Cet événement mit le désordre parmi nous, et chacun s'en alla de son côté. Quant à moi — je dois dire la vérité — bien que les camarades voulussent m'entraîner avec eux dans quelque autre compagnie, je refusai et m'en tins là. Je n'avais choisi cette profession que par nécessité ; je me voyais riche, en bon chemin : je ne songeai plus qu'à vivre joyeusement. Je pris congé de tous et les laissai partir.

Une fois dégagé du triste métier d'histrion, je commençai une vie nouvelle, et je devins — je prie vos seigneuries de ne pas s'offenser de ce que je vais dire — je devins amoureux de parloirs et de grilles ; je prétendis à l'Antechrist, c'est-à-dire que je me fis galant de nonnes. Ce qui me mit sur ce chemin, c'est que l'une d'elles, qui m'avait demandé, lorsque j'étais poëte, un grand nombre de cantiques, était belle comme la déesse Vénus. Elle m'avait pris en affection après m'avoir vu représenter saint Jean l'Évangéliste dans une comédie divine. Je lui avais confié que j'étais le fils d'un noble cavalier, et elle me comblait de bontés ; mais elle m'avait dit qu'elle était fort peinée de me voir comédien. Devenu libre, je lui écrivis la lettre suivante[7] :

« *C'est pour vous seule, et pour vous plaire, que j'ai quitté ma compagnie. Toute autre que la vôtre est pour moi la solitude, et je serai d'autant plus à vous que je serai plus à moi. Faites-moi savoir quand il y aura parloir, et je saurai en même temps quand j'aurai le bonheur, etc.* »

Une converse porta mon billet. Rien ne peut dépeindre la joie de l'excellente nonne, quand elle apprit mon changement d'état. Elle me répondit de la sorte :

« *C'est à moi de recevoir et non pas d'envoyer des félicitations sur l'heureux succès dont vous me faites part; j'en éprouverais de la peine si je pouvais croire que ma volonté et votre profit ne soient pas tout un. Nous pouvons dire que vous êtes revenu à vous-même. Il ne vous faut plus maintenant qu'une persévérance égale à celle que j'aurai. Je doute qu'il y ait parloir aujourd'hui, mais ne manquez pas de venir aux vêpres : nous nous y verrons, puis ensuite au balcon, et peut-être pourrai-je tromper la surveillance de l'abbesse. Adieu.* »

Cette lettre me combla de joie, car la nonne était réellement belle et intelligente. Je dînai, je revêtis le costume avec lequel je jouais les galants à la comédie, et me rendis à l'église. Je priai, puis je me mis à examiner tous les jours et toutes les ouvertures de la grille, pour voir si elle viendrait, et, l'oreille au guet, j'attendis le signal d'usage au couvent : un petit accès de toux. Enfin, par la grâce de Dieu et pour mon bonheur — je devrais dire plutôt pour mon malheur et par la malice du diable, — j'entendis le signal d'usage ; elle commença à tousser : mais c'était une toux de Barrabas ; je répondis de même : c'était un catarrhe, et on eût dit qu'on avait semé du poivre dans l'église. Enfin, fatigué de tousser, je m'approche de la grille et vois paraître une vieille asthmatique.

C'est là le dangereux résultat des signaux de couvent ; ce qui n'est qu'un jeu pour la jeunesse est une habitude chez les vieilles, et l'homme qui attend prend pour l'appel d'un rossignol le sifflement de la chouette.

J'attendis longtemps dans l'église et jusqu'au commencement des vêpres ; je les écoutai tout au long, et c'est pour cela qu'on nomme les galants de nonnes des amoureux solennels ; d'abord parce qu'ils sont grands consommateurs de vêpres ; en second lieu, parce que rarement ils en sortent contents : l'heureux instant n'arrive jamais[8]. J'entendis des vêpres par paires ; j'avais le cou plus long d'une aune qu'au commencement de ces amours, à force de me détirer pour regarder ; j'étais devenu le camarade du sacristain et de l'enfant de chœur, et le vicaire, qui était un homme de bonne humeur, m'avait pris en amitié. A force d'entêtement, j'en étais roide comme barre ; on eût dit que je déjeunais de broches et que je dînais de javelots.

Après vêpres, j'allais sous les fenêtres du couvent ; elles donnaient sur une place passablement grande, et néanmoins il fallait envoyer retenir sa place, dès midi, comme pour une comédie nouvelle; il y avait queue de dévots. Je me plaçais où je pouvais ; et c'était un spectacle curieux que les différentes postures des amants qui venaient là : celui-ci regardait sans cligner de l'œil ; celui-là prenait position, une main sur son épée et l'autre sur son rosaire, comme une figure de pierre sur un tombeau ; tel levait les mains et tendait les bras d'un air séraphique ; tel autre, ouvrant la bouche plus qu'une pauvresse, ne disant mot, semblait montrer son cœur à sa bien-aimée à travers sa gorge ; l'un, collé contre la muraille, molestant les briques, paraissait vouloir prendre sa mesure ; l'autre se promenait, pour faire juger de son allure, sans doute, comme on fait d'un mulet. Tel encore se tenait, un leurre à la main, comme un chasseur à la plume, et semblait appeler le faucon. Les jaloux formaient bande à part ; on en voyait qui, réunis en petits comités, riaient en regardant vers le couvent ; d'autres qui lisaient ou apprenaient des stances ; celui-ci, pour tourmenter sa belle, passait sur la terrasse en donnant le bras à une femme ; celui-là causait avec une servante qui lui remettait un message. Tout cela se passait en bas, de notre côté ; mais en haut, où se trouvaient les nonnes, c'était chose plus curieuse encore. Leur galerie était une tourelle pleine de barbacanes, avec une muraille percée de petites lucarnes qui lui donnaient quelque ressemblance avec une poivrière ou une boîte à odeurs. A toutes ces ouvertures on apercevait des signaux ; c'était un abattis de béatilles ; ici une main, là un pied ; d'un autre côté, des choses du sabbat, des têtes, des langues et peu de cervelles ; plus loin, une boutique tout entière ; ailleurs encore, tout un étalage, le rosaire de l'une, le mouchoir de l'autre, le gant de celle-ci, le ruban vert de celle-là. D'une lucarne il partait quelques mots dits tout bas, à l'autre on toussait.

L'été, les pauvres cavaliers se rôtissent, se brunissent au soleil sans se plaindre, et c'est chose plaisante que de voir ces dames si blanches, si fraîches, et leurs adorateurs si rissolés. L'hiver, nous ne manquons pas un flocon de neige ; il n'est pas une pluie dont nous n'ayons notre part ; et tout cela, au bout du compte, pour voir une femme à travers un grillage ou une vitre, comme l'ossement d'un saint ; autant vaut s'amouracher d'une grive en cage, pourvu qu'elle parle, ou d'un portrait si elle ne parle pas. Les faveurs qu'on obtient de ces dames sont un doigt qu'on ne parvient jamais à toucher, une chiquenaude qu'on ne peut jamais recevoir, un signe de tête derrière le grillage, des soupirs qui s'arrêtent aux embrasures des lucarnes, et des paroles qu'on *voit* et qu'on ne peut entendre. Pour tant de bonheur, il faut supporter la colère de quelque vieille, les boutades d'une portière ou les mensonges d'une tourière ; puis souffrir leur jalousie, leur entendre dire que leur amour est le seul véritable, et supporter les inventions diaboliques qu'elles imaginent pour le prouver. J'en étais arrivé à dire Madame à l'abbesse, Mon Père au vicaire, et Frère au sacristain. C'est à cela que le temps et la force des choses peuvent conduire un homme désespéré !

Cependant les nonnes qui m'appelaient et les tourières qui m'éconduisaient commencèrent à m'ennuyer. Je me mis à calculer tout ce que me coûtait un enfer que tant d'autres reçoivent gratis et auquel on arrive en cette vie par tant de chemins. Fatigué de parler bas, de ne rien atteindre et de prendre chaque jour sur mon front l'empreinte de toutes les grilles et de tous les grillages, je me sentis peu à peu complétement refroidi.... Je me résolus donc à laisser là ma nonne. Cependant je lui tirai, sous prétexte de les mettre en loterie, une provision de colifichets de prix, des bas de soie, des sachets d'ambre, des friandises dont la valeur allait bien à cinquante écus, et je pris le chemin de Séville, où je comptais trouver plus d'espace pour courir l'aventure. Je vous laisse à penser combien la nonne donna de regrets et de larmes, plutôt à ce que j'emportais qu'à moi-même.

CHAPITRE XXIII.

Pablo est à Séville et va s'embarquer pour les Indes.

JE fis de Tolède à Séville un voyage prospère ; je jouais, et comme j'étais passé maître au métier de joueur, comme j'avais une bonne provision de dés pipés, de cartes préparées, et tout ce qu'il me fallait pour duper le Maure, saigner le chrétien et plumer la poule, il ne m'échappait rien de l'argent qui venait sur la table. Je ne veux pas donner le détail de toutes ces fleurs d'habileté, car on me prendrait plutôt alors pour un bouquet que pour un homme ; je ne veux pas d'ailleurs divulguer des secrets qu'il est bon de tenir cachés, ni professer des vices qu'il est bon de fuir. Cependant, si je fais connaître quelques-unes des ruses les plus usitées, je rendrai peut-être service à d'honnêtes ignorants, et ceux qui se laisseront tromper ne le seront plus que par leur faute.

Ainsi donc, ne quittez jamais votre jeu de cartes, sinon on vous le changera tout en mouchant la chandelle.

— Gardez pour vous les cartes dont les coins sont usés ou brunis — c'est à cela qu'on reconnaît les as.

— Si vous jouez avec des gens du peuple, n'oubliez pas que dans les cuisines et dans les écuries on pique les as avec une aiguille, ou bien on en plie les coins afin de les reconnaître.

— Si vous jouez avec d'honnêtes gens, gardez-vous des cartes imprimées ; l'impression a été inventée pour nos péchés, traverse le papier, et elle fait deviner le jeu.

— Ne vous fiez pas aux cartes blanches : elles se salissent trop, et pour celui qui tient le jeu la moindre tache suffit.

— Quand vous jouez au jeu d'écart, surveillez celui qui tient les cartes ; s'il fait des cornes aux figures, c'est comme s'il vous les faisait à vous-même, et votre argent n'est plus à vous.

Je ne vous en dirai pas plus long ; ceci suffira pour vous prouver que vous devez agir prudemment. Soyez certain que le nombre des manigances que je vous cache est immense.

Passons au langage maintenant. *Donner la mort* signifie gagner l'argent ; on appelle *reflux* un mauvais coup joué à un ami. Les simples d'esprit étant notre meilleure ressource, nous appelons *doubles*, par opposition, ceux qui les raccolent. *Blanc* est le synonyme de l'homme sans malice, bon comme le pain ; *noir*, la qualification de celui qui a oublié la délicatesse.

Je vécus de ce langage et de ces artifices jusqu'à Séville, gagnant, avec l'argent des camarades, le loyer de mes mules, mon logis, ma nourriture, et l'argent des hôtes des auberges. A Séville, j'allai loger à l'hôtellerie du Maure, où je rencontrai un mien condisciple d'Alcala, qui s'était nommé Mata, mais qui, trouvant son nom peu sonore, se faisait appeler Matorral. Il faisait commerce de vies, et était marchand de coups de couteau¹, commerce dont il paraissait fort satisfait. Il en portait la preuve sur son visage, et il disait d'ordinaire qu'on juge du talent d'un maître d'armes et de l'habileté d'un spadassin aux balafres de sa figure². Il m'engagea à aller dîner avec lui et d'autres camarades, et me promit de me ramener ensuite à mon hôtellerie. Arrivés à sa demeure : « Allons, me dit-il, ôtez votre cape et montrez que vous êtes un homme ; vous verrez ce soir tous les bons fils de Séville, et, afin qu'ils ne vous prennent pas pour une poule mouillée, abattez-moi ce col, courbez les épaules, la cape traînante — c'est ainsi que nous sommes toujours. — Défaites-vous de cette bouche qui fait la moue, prenez un air délibéré, des gestes à droite, des gestes à gauche, parlez gras : en Andalousie il faut avoir le jargon des Andalous. Ma leçon faite, il me prêta une dague longue comme une épée et large comme un coutelas. Buvez maintenant, ajouta-t-il, cette demi-mesure de vin pur³ ; si vous n'avez pas une pointe, vous n'aurez pas l'air vaillant. »

J'étais tout étourdi de ce qu'il venait de me faire boire, lorsque entrèrent quatre gaillards qui avaient pour visage des souliers de goutteux⁴. Ils marchaient comme des balançoires, leurs capes drapées sur les reins, leurs chapeaux perchés sur le front, les ailes de devant relevées en forme de diadème, des dagues et des épées avec des grilles pour gardes, le fourreau relevant le manteau, le jarret tendu, les yeux fixes et flambants, les moustaches cirées et formant les cornes, les barbes à la turque et les cheveux de même.

Ils nous firent en entrant une grimace de la bouche. « Seiteur, seur compère⁵ ! dirent-ils d'une voix maussade et brève. « Votre serviteur ! » répondit Matorral.

Ils prirent place, et pour savoir qui j'étais, l'un d'eux, sans dire un mot, regarda mon condisciple, ouvrit la bouche, allongea vers moi sa lèvre inférieure en clignant d'un œil et en me regardant. Mon maître répondit à cette demande sur le même ton, en empoignant sa barbe et en regardant en bas. Après ce muet colloque, les quatre fier-à-bras se levèrent d'un air joyeux, m'embrassèrent, me firent mille amitiés que je leur rendis de mon mieux, et c'était comme si j'essayais quatre vins différents. L'heure du dîner étant venue, la table fut dressée par quatre vagabonds tout déguenillés, et nous nous installâmes. On servit d'abord les câpres ; puis, pour fêter ma bienvenue, mes hôtes burent à mon honneur, et jamais, à en juger par ce qu'il fit boire, je n'avais cru mon honneur si vaste. Vinrent le poisson, la viande, tout cela assaisonné de soif[6]. Au milieu de la pièce était une auge pleine de vin, devant laquelle se mettait à genoux celui qui voulait faire raison. Aussi, après deux visites, pas un des convives ne put reconnaître les autres, sauf moi toutefois, qui m'abstins et ne bus que de petites gorgées. Les têtes une fois montées, la conversation alla bon train ; on causa métier tout à l'aise ; les jurons arrivèrent à la file, les santés furent portées par vingt ou trente. On voua vingt coups de poignard à l'assistant de Séville[7], on but à la mémoire de Domingo Tiznado et de Gayon, on répandit du vin en quantité pour le repos de l'âme d'Escamilla[8]. Ceux qui avaient le vin triste versèrent des larmes en souvenir de l'infortuné Alonso Alvarez. Tout cela dérangea les rouages de la tête de mon ami Matorral, qui se leva soudain, prit un pain des deux mains, regarda la

lumière, et se mit à hurler plutôt qu'il ne parla :
« Sur ce pain qui nous vient de Dieu, fit-il, sur
cette lumière qui est sortie de la bouche de l'ange,
si vous voulez, enfants, nous irons cette nuit donner une leçon au recors qui a arrêté notre pauvre
Alonso. » Ils se levèrent tous en poussant une affreuse
clameur, tirèrent leurs dagues, posèrent leurs mains
sur les bords de l'auge au vin, et jurèrent solennellement. Puis se mettant à genoux et buvant à l'auge :
« De même que nous buvons ce vin, s'écrièrent-
ils, de même nous boirons le sang des espions. —
Quel est, demandai-je, cet Alonso Alvarez dont la
mort cause tant de regrets ? — Jeune homme, me
répondit l'un d'eux, c'était un brave combattant,
une main habile et un bon compagnon. Allons, hâtons-nous, les démons m'entraînent. »

Nous sortîmes ensemble de la maison pour faire
la chasse aux recors. Le vin avait fini par me monter à la tête : je lui avais abandonné ma raison et
je ne songeais plus au danger auquel je m'exposais.

Arrivés à la rue de la Mar, nous nous trouvons
nez à nez avec la ronde. Tout aussitôt nous mettons l'épée à la main et nous attaquons ; je fais
comme mes compagnons, et au premier choc nous
débarrassons deux corps d'archers de leurs méchantes âmes. L'alguazil demande aide à la loi et appelle
vers le haut de la rue. Ne pouvant le poursuivre,
parce que nous n'avons pas les jambes sûres, nous
gagnons la cathédrale, où nous nous mettons à l'abri
des rigueurs de la justice et où nous dormons le
nécessaire pour dissiper les fumées du vin qui nous
obscurcissaient le cerveau.

Revenu à mon bon sens, je m'effrayai de voir
qu'il avait suffi de cinq ivrognes pour tuer deux recors et mettre en fuite un alguazil.

Cependant nous vivions dans l'église d'une manière agréable, parce que des nymphes étaient accourues, flairant les réfugiés, et elles nous donnèrent leurs vêtements pour nous aider à nous déguiser. L'une d'elles, nommée la Grajalès, me plut tout aussitôt, et je revêtis avec empressement ses couleurs. Cette vie me séduisit plus que toutes les autres, et je me promettais de naviguer désormais avec la Grajalès jusqu'à la mort. J'appris à parler l'argot des gitanos, et en peu de jours je devins le rabbin de ces rufians. La justice ne se lassait pas de nous guetter ; elle gardait la porte ; mais pendant la nuit nous nous échappions et nous courions la ville, déguisés. Je trouvais cependant que cette situation se prolongeait trop ; j'étais fatigué de voir la Fortune me poursuivre, et la pensée me vint, de concert avec la Grajalès, de passer aux Indes avec elle, afin de voir si, dans un autre pays et dans un autre monde, j'améliorerais ma position. Mais il n'en fut pas ainsi, car pour améliorer son état il ne suffit pas de changer de lieu, il faut aussi changer de vie et de principes [9].

Aussi je renonce à vous dire comment Matorral et ses compagnons, furieux de ma fuite, me déclarèrent l'unique auteur du meurtre des deux recors et obtinrent leur liberté à la condition de me livrer à la justice ; comment je fus arrêté ; comment je n'évitai la torture qu'en avouant ce meurtre, et comment je fus condamné à être ramené de Séville à Ségovie pour y être pendu.

C'était mon oncle, Alonso Ramplon, qui devait accomplir à mon égard cette dernière volonté de la justice humaine ; les Dieux seuls peuvent savoir comment, lorsque mon heure avait sonné, il s'est trouvé à ma place.

Je sais qu'un orage a éclaté, un éclair a brillé, un nuage a passé sur mes yeux. J'ai entendu un grand cri et j'ai vu mon pauvre oncle au-dessus de ma tête. Il est vrai qu'il était pris de vin; il aura perdu l'équilibre; il se sera entortillé dans sa corde en cherchant à se retenir, et se sera pendu, alors que du même coup j'étais renversé.

C'est ainsi, Seigneurs.....

ÉPILOGUE

C'est bien, fit Jupiter, tout préoccupé, nous aviserons. Pablo salua et se retira, reconduit par Mercure, et l'Olympe remonta, en un instant, prendre place au lieu ordinaire de ses séances.

—Qu'est-ce que cela prouve? dit Bacchus en se frottant les yeux et en se détirant. A boire! j'ai la gorge sèche d'avoir tant écouté. Où diable est Ganymède? Ce garçon n'est jamais là; j'aimais mieux Hébé. A boire!

—Silence! cria Jupiter, qui retomba tout aussitôt dans une profonde méditation. Le maître du tonnerre préparait le résumé de la cause.

—En conscience, dit Vénus, ce pauvre Pablo a été plus étourdi que méchant, plus entraîné que vicieux; il a la tête faible, mais le cœur bon.

—Je t'y attendais, interrompit Mercure en éclatant de rire; voici venir, sans doute, un pendant à l'histoire de maître Pâris; dès le moment que ce petit vaurien s'est avisé de te trouver belle, ce ne peut être qu'un fort honnête garçon. A d'autres, chère amie, allez vendre ailleurs vos coquilles. »

Vénus devint toute rouge. Mercure allait continuer, mais Mars toussa, et le messager des dieux jugea prudent de se taire.

« Cela prouve, dit Vulcain, que l'enfance n'est pas assez surveillée et que la jeunesse est trop souvent abandonnée à elle-même. Elle est comme l'airain chauffé à blanc, le moindre coup de marteau y laisse une trace ineffaçable.

—Bravo! fit une voix.

—Or, reprit Vulcain encouragé, les pères font leurs fredaines par ci, les mères prennent leurs ébats par là, et..... (Ici le dieu Terme lui donna un coup de coude) et..... et.....

—Et quoi? cria Neptune; achève donc!

—Enfin, si Pablo eût été moins négligé dans sa jeunesse et surtout moins persécuté, il fût resté bon sujet; mais il jura qu'il se vengerait un jour de toutes les tribulations dont il était victime, et la vengeance..... (Bravo! bravo!)

—Est le plaisir des dieux, murmura Junon en regardant Ganymède qui versait à boire à Bacchus.

—Point du tout, fit le Soleil, c'est l'amour-propre qui l'a perdu comme il perdit Narcisse, Icare et mon pauvre Phaéton. On a ri de ses premières espiégleries, on l'a mis au défi de mieux faire, on l'a excité, on l'a lancé, et une fois en bon chemin, il a couru jusqu'à la potence. Chacun là-bas a son mauvais génie; celui de Pablo, c'est don Diégo, son maître.

—Pourquoi? demanda Pluton.

—Parce que don Diégo a applaudi aux sottises de son valet, plutôt que de l'en châtier.

—Alors pendez Diégo, et n'en parlons plus; mais l'oncle Alonso? me direz-vous pourquoi...

—Ceci, dit Minerve, doit être une allégorie.

—Et que signifierait cette allégorie?

—Qu'en pendant un homme vous amusez la populace, vous faites gagner une vacation au bourreau, une haute paye aux alguazils, des rôles au greffier, une extinction de voix au crieur public; vous donnez une leçon aux gens qui n'en ont pas besoin, mais vous mettez le criminel hors d'état de la recevoir et de s'amender.

—Alors, dit Argus, on pendra les oncles pour corriger les neveux.

—Tu es un niais, répondit Pallas irritée.

—Mais enfin, reprit Pluton, dites-moi pourquoi Alonso s'est trouvé à la place de Pablo; il n'y a plus de sorciers, que diable! nous ne sommes plus au temps des métamorphoses, et tout escamotage a son explication. Nous étions si loin, que nous n'avons pas bien vu.

— *Si on recommençait ?* » demanda naïvement le vieux Silène.

Toute l'assemblée partit d'un immense éclat de rire.

Jupiter se réveilla. Il toussa, ouvrit et ferma les yeux, pria Mercure de réclamer le silence et prit la parole.

Il fit une rapide analyse de l'histoire de Pablo, depuis sa naissance jusqu'à la pendaison de son oncle ; il passa légèrement sur les détails oiseux, appuya sur les circonstances dignes d'une appréciation morale. Semblable à l'ingénieur chargé d'exploiter une terre nouvelle, il planta çà et là des jalons pour indiquer la route que son auditoire devait suivre avec lui ; il tonna avec indignation, au sujet des hidalgos d'industrie, contre les travers, les fautes et les crimes des humains. Puis, reprenant toute sa fermeté et résumant la cause avec une grande netteté et une sagacité remarquable, il déclara Pablo coupable de bien des fredaines, mais innocent du meurtre des deux archers de Séville ; il émit l'avis que le jugement prononcé contre lui devait être cassé, et que Matorral et consorts devaient être appréhendés au corps et mis en cause ; enfin — ici redoubla l'attention de l'auditoire — quant à la pendaison d'Alonso Ramplon, il déclara la chose juste puisque la roue de la Fortune l'avait voulu pendant l'heure de tous, et décida que puisque l'oncle avait remplacé son neveu, il était juste qu'on donnât à celui-ci la succession de son oncle : « *Vous verrez, ajouta-t-il, qu'il s'amendera et qu'il vivra en honnête homme.* »

Les dieux avaient prêté une grande attention.

« L'heure est sur sa fin, dit le Soleil, et il s'en faut de rien que l'ombre du gnomon n'arrive au numéro cinq. Grand père de tous, c'est à toi de décider si, avant que l'heure s'achève, la Fortune doit continuer, ou si elle va se remettre à pirouetter, comme elle avait coutume.

— J'ai remarqué, répondit Jupiter, que pendant cette heure où chacun a été traité selon ses mérites, ceux qui se trouvaient humiliés d'être pauvres et méconnus sont devenus vaniteux et insupportables ; ceux que la richesse et la considération rendaient vicieux, arrogants, despotes, témoignent maintenant du repentir, de l'humilité et de la soumission, depuis qu'ils sont devenus pauvres et qu'ils ont été abaissés. Les hommes de bien se sont faits vauriens, des vauriens sont devenus hommes de bien. Cette courte épreuve suffit pour donner satisfaction aux plaintes des mortels, qui savent rarement ce qu'ils nous demandent; mais ce sont gens sans énergie : ils font le mal tant qu'ils peuvent; s'ils cessent de le faire, c'est qu'ils ne peuvent plus; ce n'est pas là du repentir, c'est de l'impuissance; abattus, misérables, ils se soumettent, mais ils ne se corrigent pas. Les honneurs, la prospérité qui leur surviennent leur font faire des choses qu'ils auraient toujours faites s'ils les avaient toujours eus. Que la Fortune continue à faire rouler sa roue et sa boule par les vieilles ornières, qu'elle donne des récompenses aux gens sages, des châtiments aux insensés, sous la protection de notre Providence infaillible et de notre présence souveraine; que tous reçoivent ce qu'il lui plaira de leur distribuer, faveurs ou dédains. S'ils ne sont pas méchants, ils dédaigneront ceux-ci, ils accepteront celles-là; les unes comme les autres leur sont également utiles. Dans tous les cas, il n'y a pas à se plaindre de la Fortune; elle répand ses dons avec indifférence et sans y mettre de malice. Nous lui permettons, à elle, de se plaindre des hommes qui la diffament et la maudissent, parce qu'ils ne savent pas profiter des prospérités qui leur surviennent. »

En ce moment sonnèrent cinq heures, et l'épreuve cessa. La Fortune, heureuse des paroles de Jupiter, changea de main, se remit à brouiller les chances de ce monde, à refaire ce qu'elle avait défait, et, lançant sa boule dans les plaines de l'air, elle se laissa aller avec elle et redescendit sur la terre.

Vulcain, dieu des bigornes et professeur d'harmonie martelée, prit la parole. « Il fait faim, dit-il. Dans la précipitation que j'ai mis à obéir, j'ai laissé à rôtir, sur ma forge, deux brochettes d'ail pour mon déjeuner et celui des Cyclopes. »

Le tout-puissant Jupiter donna ordre qu'on servît

à manger, et tout aussitôt parurent Iris, la messagère de la déesse Junon, apportant le nectar, et Ganimède avec un vidercome d'ambroisie. Junon, le voyant à côté de son mari, qui buvait des yeux l'échanson bien plus que la liqueur, s'écria en sifflant de colère comme un dragon ou comme un serpent : « — Ou ce bardache ou moi, l'un des deux quittera l'Olympe, sinon je demande le divorce devant Hyménée. » Le gamin était à cheval sur le dos de l'aigle, et si celui-ci ne s'était échappé, Junon mettait le petit en miettes à belles dents. Jupiter soufflait sur sa foudre. « Je te la prendrai, s'écria Junon, pour te brûler ton beau page. »

Minerve, fille du front de Jupiter, et qui ne fût pas née si Jupiter eût manqué de toupet, s'empressait auprès de Junon pour la calmer ; mais Vénus encourageait ces rancunes ; elle criait comme une poissarde et eût fort malmené Jupiter sans l'intervention de Mercure. « Tout s'arrangera, dit celui-ci ; ne troublons pas le banquet céleste. »

Mars, le dieu des fanfarons et des vauriens, voyant apporter des flacons d'ambroisie. « A moi, des fioles ? dit-il ; donnez-les à boire à la Lune et à ces petites déesses.... » Et, mêlant Neptune et Bacchus, il avala ses deux collègues à grandes gorgées ; puis, s'emparant du dieu Pan, il le mit en tranches, et de ces tranches faisant un hachis à coups d'estocades, il l'engloutit en un clin-d'œil. Saturne soupait d'une demi-douzaine d'enfants. Mercure s'était mis de moitié avec Vénus, qui s'ensevelissait sous le nez des pleines poignées de petits gâteaux secs et de confitures. Pluton tirait de sa besace des grillades que Proserpine lui avait données pour la route : ce que voyant, Vulcain, qui avait les dents longues, s'approchait de Pluton tout doucement avec force révérences, force écornifleries, et mordait à tout. Le Soleil, à qui appartient le soin des passe-temps, accordait sa lyre et chantait un hymne à la louange de Jupiter, avec profusion de roulades.

Vénus et Mars s'avisèrent de trouver à redire au ton de la musique et à la vérité des paroles. Mars, avec deux tuiles envoyées à Phébus, lui arracha de la gorge une kirielle de gémissements, et Vénus, faisant claquer ses doigts comme des castagnettes, se disloqua dans un pas orageux, agaçant et enflammant les cœurs des Dieux par ses frétillements. Ce mauvais exemple les entraîna et les mit tous en danse; on les eût dits saturés de vif argent. Jupiter, tout ébahi des hardiesses de la déesse, était bouche béante et bavait. « Ceci, dit-il, c'est le moyen de faire fuir Ganimède, mais au moins ce ne sont pas des réprimandes. »

Là-dessus il leva la séance, et tous, contents, repus, gagnèrent au pied à qui mieux mieux, laissant le tout-puissant maître entre son vieil oiseau et son jeune échanson.

FIN

NOTES

PROLOGUE.

1. Page 21.—Je rappelle que ce Prologue appartient à une autre œuvre de Quevedo intitulée *La Fortuna con seso y la hora de todos.* Cette fantaisie est très-postérieure au *Tacaño*, puisque Mars y est surnommé le don Quichotte des Déités. Le célèbre roman de Cervantès est de 1605.

2. Page 21.—Le texte dit *remostada la vista*, le regard plein de moût. Beaumarchais, recueillant un mot de Garrick à Préville, a dit : « Vos jambes un peu plus avinées. » Cette expression n'est pas moins heureuse que l'expression espagnole.

3. Page 21. — J'ai traduit textuellement *la palabra bevida*.

4. Page 21. — Cloper, vieux verbe presque inusité, dérivé du grec *cholopous*, boiteux, et qui ne s'emploie plus qu'au participe présent dans clopin-clopant. Le texte dit seulement *asomó*, parut.

5. Page 21.—Il y a dans le texte *no lo amanecia;* cette belle expression est intraduisible. *Amanecer* voudrait dire ici : faire matin sur les vêtements de Pluton.

6. Page 28.—Cette liste des caprices de dame Fortune est le résumé de *la Fortuna con seso*. Tout cela est décrit dans cent quatre-vingts pages au milieu des rapprochements les plus singuliers, des pensées les plus philosophiques, d'applications morales et politiques d'une haute portée, et d'expressions originales dont Quevedo

a seul le secret. Ici s'arrêtent les emprunts que j'ai faits à l'original. L'épisode qui suit m'appartient; il forme l'introduction nécessaire de l'histoire de don Pablo.

CHAPITRE I.

1. Page 31.—*Era hombre de buena cepa* : on dit en français en pareil cas : « c'était un homme de bonne souche. »

2. Page 32.—Pablo affecte un air innocent qu'on lui retrouvera plusieurs fois, et dont le succès serait complet s'il avait affaire à un auditoire plus crédule. Il importe d'expliquer que tout ce qu'il vient de raconter de la promenade triomphale de son père n'est rien autre chose que l'appareil du supplice.

L'âne était la grande utilité de la pénalité espagnole; il était le guide et le soutien obligé des coupables condamnés au fouet, à l'emplumage, à la potence; voleurs, escrocs, assassins ou gens de mauvaise vie. Je n'ai rien à dire quant à la potence; plus tard j'expliquerai la peine de l'emplumage; un mot seulement sur celle du fouet. Le condamné, hissé sur son âne et nu jusqu'à la ceinture, était promené par les principales rues de la ville; un alguazil ouvrait la marche du cortége; des recors formaient la haie; en avant du patient marchait un crieur public qui, d'instants en instants, proclamait à haute voix la faute et le châtiment; et en arrière, armé d'un fouet en lanières de cuir, venait le bourreau.

Le tribunal fixait rarement la quantité ou la qualité des coups à recevoir; c'était un compte qu'il laissait à débattre entre le coupable et l'exécuteur. Au patient le plus pauvre ou le plus avare, l'âne le plus lent, le fouet le mieux fourni marquant sans relâche, sur ses épaules, les temps forts de quelque seguidille chantonnée par le bourreau, *allegro vivace*. Pour un ducat, deux ducats, quatre, six ducats, et selon le chiffre, un âne plus jeune, un fouet plus maigre et une chanson variant de l'*allegretto* à l'*andantino*, à l'*andante* ou au *largo*. Le métier de bourreau, comme on le voit, ne laissait pas que d'être fort lucratif.

Pablo raconte que lorsque son père fut relâché, il fut ramené chez lui par un cortége de deux cents cardinaux qui n'étaient pas des monseigneurs. Le mot espagnol *cardenal* signifie à la fois *cardinal* et cette *meurtrissure* rouge produite par un coup de fouet. On peut comprendre maintenant la nature de l'accompagnement de Clemente Pablo.

3. Page 32. — Le vêtement de plumes ou l'emplumage était un châtiment réservé aux gens de mauvaises mœurs et à ceux accusés de sorcellerie. L'âne remplissait son rôle accoutumé; les condamnés étaient nus jusqu'à la ceinture, enduits de miel et saupoudrés de plumes. Comme le fouet du bourreau eût dérangé l'harmonie de cet élégant costume, on permettait à la populace de faire provision de fruits, de trognons de légumes et d'en encenser le triomphateur.

Lorsqu'on promenait deux condamnés à la fois, on les plaçait l'un à la suite de l'autre, sur deux ânes, et tous deux se regardant; c'est-à-dire que le patient qui marchait le premier était placé à reculons et la face tournée vers la queue de sa monture.

4. Page 32.—Suivant un vocabulaire ajouté à l'édition espagnole d'Anvers (1757), « pour l'intelligence de certaines expressions de Quevedo, » l'expression *algébriste d'amour* signifie « savant dans l'art d'assouvir les passions déréglées, comme les algébristes savent, à force de calculs, résoudre les problèmes. »

5. Page 33.—*Vivir con la barba sobre el hombro.* J'ai traduit *barba* par barbe, comme tout le monde le traduirait, bien que ce ne soit pas l'intention précise de l'original. Les Espagnols prennent ici la partie pour le tout, et *barba* s'entend de toute la partie inférieure du visage et non pas seulement de l'accessoire. Je devrais donc mettre ici : *vivre le menton sur l'épaule ;* j'ai mieux aimé traduire mot pour mot, suivant le sens évident, afin d'accroître, s'il est possible, l'extrême originalité de cette expression. C'est, du reste, l'emblème le plus

exact de la vigilance, et il manque à Argus, le surveillant de l'Olympe, d'être représenté la barbe sur l'épaule. Il ne suffit pas à l'homme prudent d'avoir, selon l'expression française, *l'œil et l'oreille au guet*, il faut encore, comme l'indique le mot espagnol, que son attention se porte sur ce qui se passe derrière lui.

Ces deux manières d'exprimer une même idée me semblent définir parfaitement chacune le caractère du peuple auquel elle appartient. *L'œil et l'oreille au guet* a quelque chose de léger, de frivole, de bavard, et fait pressentir une surveillance qui se trouvera quelquefois en défaut. *Vivre la barbe sur l'épaule* présente une idée grave, posée, sérieuse, et indique une attention de tous les instants.

Ce mot, du reste, n'est pas de Quevedo; il appartient trop au caractère du peuple espagnol pour n'être pas l'un des plus anciens de la langue vulgaire. On le retrouve employé d'une manière assez plaisante dans la strophe suivante d'un poëme du quinzième siècle sur la vie de Jésus-Christ :

> Con temor de la maldad
> Del vicio qu'aquà no nombro
> En tal flaqua humanidad
> Siempre la virginidad
> Este la barba en el hombro;
> Cà las que quieren guardar se
> De suriar tan limpio nombre
> Ansi deven encerrarse
> Cuando vieren algun ombre.

« Que la crainte d'un vice, qu'ici je ne nomme pas, porte
« toujours la virginité à vivre la barbe sur l'épaule, etc. »

(*Vita Christi trobada par Frayle Enyeguo Llopez de Mendoza, ffrayle menor de la observanza, a pedimiento de duenya Joana de Cartagena, madre suya.* (Biblioth. imp., mss. in-4º.)

6. Page 33. — L'âne, c'est-à-dire la condamnation le fouet et les autres appareils du châtiment.

CHAPITRE II.

1. Page 36. — Voici encore un mot plein d'originalité : *ronger les talons* à quelqu'un, c'est détruire, petit à petit, sa réputation et la miner lentement par la base ; c'est le diffamer quand il a le dos tourné, médire de lui en arrière.

« Regarde, dit quelque part Quevedo (*El mundo por de dentro*), regarde ce courtisan, acolyte éternel des gens heureux ; nous l'avons vu, en public, mendiant les regards du ministre, renchérissant sur les courbettes de ses rivaux au point qu'il frottait son menton sur la terre. Il marchait toujours la tête basse comme un homme qui reçoit des bénédictions, il répondait *amen*, à haute voix et avant tous les autres, à tout ce que disait le patron. Maintenant l'influence du ministre diminue, et notre homme lui *ronge les talons* au point qu'on lui voit les os ; ses flatteries de l'autre jour, ses adulations, ses câlineries ont fait place aux railleries, aux propos infâmes, à la diffamation ; il ronge, il ronge. »

2. Page 36. — Il y a dans le texte : *rogué la que me dijese si me habia concebido a escote entre muchos.*

Il ne manque pas d'expressions françaises pour rendre cette naïve question de Pablo à sa mère ; littéralement il lui demande si, lorsqu'elle le conçut, plusieurs y apportèrent leur écot.

3. Page 37. — Le jeu du taureau est un jeu semblable au cheval fondu ou au saut de mouton.

4. Page 38. — Ceci est un ancien usage des écoliers espagnols ; le chef élu par eux portait le nom de roi des coqs, à cause des panaches qui ornaient sa tête.

5. Page 38. — Il se fait encore en Espagne, le vendredi saint, dans quelques villes, une magnifique procession où sont représentés tous les personnages et toutes les scènes de la Passion. C'est un souvenir des mystères du moyen âge.

6. Page 40. « DON TORRIBIO. Je ne puis déchiffrer ce billet parce que je ne sais pas lire l'écriture à la main, et qu'il me faudra bien deux ans pour l'apprendre.

DON ALONSO. Votre ignorance peut-elle arriver à ce point?

DON TORRIBIO. Voyez-moi un peu le grand mal! Combien de gens qui ne savent pas lire et qui savent tout le reste? »

(*Gardez-vous de l'eau qui dort.*—Comédie de Calderon.)

CHAPITRE III.

1. Page 42. J'ai dit que le *Gran Tacaño* avait servi de modèle pour la plupart des ouvrages de la même famille publiés en Espagne, et que les auteurs de Guzman d'Alfarache, d'Estevanille Gonzalès, de Marcos Obregon, — donnée première du *Gil Blas* de Le Sage, — lui avaient emprunté plus d'une idée plaisante; je renvoie les lecteurs, pour preuve, au troisième chapitre d'Estevanille Gonzalès; le pensionnat du docteur Canizarès n'est qu'une faible copie de celui du licencié Cabra.

2. Page 42. — Regnier a dit (Satire X):

> Pour sa robe, elle fut autre qu'elle n'estoit
> Alors qu'Albert le Grand aux festes la portoit;
> Mais toujours recousant pièce à pièce nouvelle,
> Depuis trente ans c'est elle, et si ce n'est pas elle;
> Ainsi que ce vaisseau des Grecs tant renommé
> Qui survescut au temps qui l'avoit consommé.
> Une taigne affamée estoit sur ses épaules,
> Qui traçoit en Arabe une carte des Gaules.
> Les pièces et les trous semez de tous costez
> Représentoient les bourgs, les monts et les citez.
> Les filets séparez, qui se tenoient à peine,
> Imitoient les ruisseaux coulans dans une plaine.
> . . . .
> Pour assurer si c'est ou laine, ou soye, ou lin,
> Il faut en devinaille estre maistre Gonin.

3. Page 44. — Quevedo a mis *descomulgados;* ce mot est plein de hardiesse, il est gros d'interprétations. Les commentaires ne manqueront pas, voici le mien :

Le sens premier du mot excommunication est l'interdiction des biens spirituels de l'Eglise ou de la communion à la sainte table; c'est l'excommunication *mineure.* Le sens le plus étendu,—excommunication *majeure,* — est la défense de toute relation avec les fidèles : le coupable frappé de cette dernière peine par la censure de l'Eglise ne devait obtenir de personne ni un regard, ni une parole, ni une place au feu ou à la table; il était littéralement condamné à mourir de faim. Je laisserai au lecteur le soin de décider si l'excommunication lancée par Cabra contre les entrailles de ses convives était une excommunication majeure ou mineure.

3. Page 46. — Il y a dans le texte : *un poco del nombre del maestro, cabra asada,* un peu de quelque chose ayant le nom du maître, de la chèvre rôtie. C'est un jeu de mots sur *Cabra* qui veut dire *chèvre.*

4. Page 48. — C'est en hésitant que j'arrive à cette note; je crains que les lecteurs n'y trouvent pas l'importance que j'y attache, et cependant elle se rapporte à une haute question industrielle, à une invention qui a fait grand bruit.

L'expression familière employée par Quevedo pour désigner le remède universel mis en œuvre par la tante du licencié Cabra porte, à mon grand regret, une cruelle atteinte aux fastes scientifiques de l'Ecole polytechnique française, dont un membre inventa le *clysoir.* Les périphrases populaires à l'aide desquelles on déguise la crudité du mot lavement, se résument dans l'espagnol par les mots *echar gaitas,* c'est-à-dire à peu près « pousser de la cornemuse. » Cela vient, dit le vieux dictionnaire de Sobrino, de ce qu'en quelques lieux le lavement se donne avec une bourse de cuir qui a un tuyau au bout en forme de cornemuse. Je suis peiné, pour l'honneur de l'industrie française, d'avoir acquis la preuve que le clysoir, prétendue invention nationale, n'est qu'une importation espagnole. Mon impartialité me fait un devoir de cette déclaration ; puissent mes lecteurs ne pas m'en faire un reproche. La France a bien assez d'autres gloires.

CHAPITRE IV.

1. Page 52.—On désignait sous le nom de *Morisques* les Maures qui restèrent en Espagne après la conquête du royaume de Grenade. Boabdil, le dernier de leurs rois, en traitant avec don Ferdinand le Catholique, pour la reddition des places qu'il possédait encore, obtint pour les vaincus le libre exercice de leur religion ; mais bientôt on viola le traité. La force, la terreur, tous les moyens de persécution furent employés pour amener les Maures à abjurer ; ils se révoltèrent, et don Ferdinand marcha plus d'une fois contre eux. Charles-Quint, Philippe II, continuèrent la persécution organisée par Ferdinand ; l'Inquisition, établie à Grenade, obtint de douteuses conversions ; puis enfin, après une nouvelle insurrection qui dura deux ans au milieu des montagnes de l'Alpujarra, les Morisques furent entièrement chassés d'Espagne par Philippe III.

Les chrétiens donnaient aux Morisques le surnom de *chiens*; on a vu plus haut que, dans le langage populaire, *chat* était synonyme de fripon : de là la plaisanterie de Pablo sur l'hôtelier de Viveros.

2. Page 57. — Juan de Leganos était un savant mathématicien qui s'est rendu aussi célèbre en Espagne que Barême en France.

CHAPITRE V.

1. Page 59. — L'usage du billet de confession s'est maintenu longtemps en Espagne. On l'échangeait contre un billet de communion lorsqu'on s'approchait de la sainte table, et chaque année, pendant la semaine qui suivait le dimanche de *Quasimodo*, le curé passait une

revue de ses fidèles, et affichait à la porte de l'église, à la suite des excommuniés, les noms de ceux qui n'avaient pas rempli pendant l'année leurs devoirs de chrétiens.

Le billet de confession était un moyen de persécution ajouté à ceux employés contre les Morisques, et dont j'ai parlé plus haut. Les règlements de l'Inquisition les obligeaient à présenter leur billet à toute réquisition d'un familier.

2. Page 61. — *Anguillade,* coup de peau d'anguille, et, par extension, coup de mouchoir roulé en forme d'anguille, coup de fouet, de lanières, etc.

Voir les Gloses d'Isidore, citées par Ducange dans son Glossaire latin : *Anguilla est qua coercuntur in scholis pueri, quæ vulgo scutita dicitur.*

On fouettait avec une peau d'anguille les jeunes gentilshommes romains qui étaient en faute (Pline, liv. IX, chap. 23).

« Adoncq, dit Rabelais (liv. II, chap. 30) le pastissier lui bailla l'anguillade, si bien que sa peau n'eust rien vallu à faire cornemuses. » Et liv. V, chap. 16 : « Je le renvoyerois bien d'où il est venu à grands coups d'anguillade. »

Regnier a dit aussi (Satire VIII) :

« Ce beau valet à qui ce beau maître parla
M'eust donné l'anguillade et puis m'eust laissé là. »

CHAPITRE VI.

1. Page 71. — Le saint-office choisissait ses familiers parmi les habitants notables de chaque ville. Il fallait, pour être apte à remplir ces fonctions, prouver que depuis quatre générations on n'avait aucun mélange de sang more ou juif. Ces preuves équivalaient à des titres de noblesse, et c'était là surtout ce qui faisait rechercher le titre de familier par tous ceux dont le nom n'était pas inscrit au nobiliaire. Les familiers prêtaient serment de fidélité à l'Inquisition, et étaient chargés

d'exécuter tous les ordres émanés de son tribunal. On les reconnaissait à une croix qu'ils portaient à leur boutonnière ; une croix semblable était placée sur la porte de leur demeure. Les familiers avaient de nombreux priviléges, et entre autres celui de ne pouvoir être poursuivis pour dettes sans la permission du tribunal. L'Inquisition eut l'honneur de compter Lope de Vega parmi ses familiers ; une telle distinction accordée à un auteur dramatique aurait quelque chose d'étrange, si tout n'était déjà singulier dans l'existence de cet homme célèbre.

2. Page 73. — Pendant les fortes chaleurs on distribuait dans tous les couvents de religieuses une boisson rafraîchissante dont chaque passant pouvait demander sa part. Les larcins semblables à ceux que commet Pablo devinrent si communs, que les nonnes furent obligées d'attacher avec des chaînes les tasses dans lesquelles elles donnaient à boire.

3. Page 74. — Antonio Perez est un des plus célèbres exemples des haines et des persécutions acharnées de l'Inquisition espagnole. Il était ministre et premier secrétaire d'Etat du roi Philippe II. Disgracié par son maître à la suite de quelques intrigues de confesseurs, et poursuivi par le saint-office, il s'échappa de Madrid et passa en Béarn, où il obtint asile dans les domaines de Henri IV.

L'Inquisition le mit en cause, le déclara contumax et le condamna à être exécuté en effigie ; ses biens furent confisqués, son nom voué à l'infamie, et des fanatiques à gages le suivirent et tentèrent de l'assassiner, soit à Londres, où la reine Elisabeth l'avait accueilli, soit à Paris, où il se retira plus tard.

Henri IV se déclara son protecteur et lui offrit une pension de 12,000 livres, qu'il refusa « afin de prouver qu'il était fidèle à son roi. » Il mourut en 1611, et sa mémoire fut réhabilitée.

J'ai dit que la citation du nom d'Antonio Perez dans notre roman pouvait aider à préciser l'époque où il a été écrit.

CHAPITRE VII.

1. **Page 77.** — *Guinder*, terme technique : hausser, élever à l'aide d'une machine. De là on appelle style guindé celui qui affecte un ton trop élevé, qui recherche des images tellement haut placées qu'on les perd de vue. — Avoir l'air guindé, c'est marcher avec roideur, la tête droite, le cou tendu; Pablo dirait : un air de pendu dépendu.

2. **Page 77.** — Texte : *la de palo*, ou mieux, *la ene de palo*, l'*n* de bois. La potence espagnole est formée de deux montants réunis par une traverse, ce qui lui donne l'apparence d'un n romain ou du π grec.

3. **Page 78.** — C'était un préjugé fort répandu parmi le peuple que les pâtissiers se réservaient volontiers la meilleure part des criminels privés de sépulture.

CHAPITRE VIII.

1. **Page 82.** — Juanelo, savant mathématicien et habile architecte, est le constructeur d'une fameuse machine qui élevait les eaux du Tage à Tolède, et dont on admire encore aujourd'hui les ruines magnifiques.

2. **Page 83.** — Quevedo n'aime pas plus les médecins que Molière ne les aima; il ne se fait faute nulle part d'un coup de patte à leur adresse. — « Un homme, dit-il dans une de ses visions (*El alguacil alguacilado*), un homme fut amené devant le tribunal de Pluton et accusé de plusieurs homicides; on l'enferma avec les médecins. » — « Quiconque a été mon élève, dit ailleurs un maître d'armes, ne manque jamais de tuer son homme. On pourrait très-convenablement m'appeler Galien, puisque j'enseigne l'art de donner la mort. »

3. **Page 84.** — Ceci s'adresse à un écrivain espagnol nommé Estrella, auteur d'un livre intitulé *les Grandeurs des armes*. C'est en même temps une critique

dirigée contre tous ceux qui prétendent donner la théorie d'un art qu'on ne doit enseigner et apprendre que par une pratique continuelle.

4. Page 85.—Le génie littéraire espagnol a introduit dans tous les écrits des seizième et dix-septième siècles deux caractères remarquables entre tous et d'une grande originalité : la duègne et le spadassin. Chaque écrivain les a mis en scène, chacun les a développés et s'est complu à ajouter quelques coups de crayon aux figures si habilement esquissées par ses devanciers. Ces deux caractères sont arrivés jusqu'à nous avec toute la perfection d'une œuvre vingt fois retouchée; rien n'y manque, pas plus qu'aux portraits sublimes de Velazquez et de Murillo.

Les sentiments dominants du caractère castillan des temps héroïques étaient l'esprit chevaleresque, héritage légué par les Maures aux descendants des Goths, un noble orgueil, une force redoutable, une bravoure à toute épreuve. De ces sentiments réunis ont été formés les beaux caractères du Cid, de Fernand Gonzalès, de Bernardo del Carpio. Il ne faut pas chercher l'origine du spadassin ailleurs que dans ces grandes figures. Avec les mêmes paroles, les mêmes armes, la même allure, il en est la copie maladroite, la ridicule parodie. Le noble orgueil est devenu chez lui une sotte vanité, la franche bravoure une audace sans résultat, une bravade sans effet. C'est que, pour contenir de tels sentiments, il fallait de grandes âmes ; pour soutenir ces lourdes cuirasses, il fallait de larges poitrines ; pour manier ces massives épées, il fallait des bras vigoureux. A mesure que les siècles ont marché, les proportions humaines se sont rapetissées, et sentiments comme armures, rien de tout cela, à peu d'exceptions près, ne va plus à notre taille.

Vaniteux avant tout, fier de toutes ces grandes gloires des temps passés dont il prétend avoir sa part par droit héréditaire, le *valiente* Castillan s'est cru la puissance d'essayer aussi de grandes choses ; il a saisi la *Tisona* du Cid et l'a laissé retomber à terre ; il a pris ses cuirasses toutes meurtries et s'est perdu au milieu d'elles comme

Sancho entre ses deux pavois; il lui restait les grandes paroles du *Campeador*, et sortant d'un si petit corps, d'une gorge si exiguë, ces grandes paroles sont devenues ridicules. Sans s'apercevoir de tout cela, il s'est posé fièrement, la jambe en avant, le poing sur la hanche, le chapeau sur l'oreille, la moustache menaçante à défaut du poignard; et il s'est cru, comme certain soldat que rencontre Pablo, bien plus grand que Ruy Dias, que Bernardo, que Garcia Paredes et tant d'autres. Il a mieux fait que de le croire, il l'a dit; car force, noblesse, fierté, bravoure, la parole chez lui remplace et résume tout cela.

Centurion, le spadassin de *la Célestine*, le premier roman et le premier drame de la vieille littérature espagnole, Centurion est la plus ancienne esquisse que nous connaissions de ce singulier caractère. Son épée est la plus redoutable des épées présentes et passées; elle peuple les cimetières, elle fait la fortune des chirurgiens, elle brise les armures, les cottes de mailles les plus fines, et donne sans cesse de la besogne aux armuriers. Boucliers de Barcelone, morions de Calatayud, casques d'Almanzan, rien ne lui résiste quand elle est conduite par le bras de son maître. Centurion tue de toutes les manières, ses clients peuvent choisir dans un répertoire de sept cent soixante-dix espèces de mort qui toutes lui sont familières; il lui est même arrivé quelquefois de tuer à coups de bâton pour laisser reposer son épée; mais qu'on ne lui demande pas de châtier seulement, il jure par le saint corps des litanies qu'il n'est pas plus possible à son bras droit de frapper sans tuer, qu'au soleil d'interrompre ses courses accoutumées dans le ciel.

Centurion n'est que paroles. On le prend au mot, on le met à l'œuvre, il fuit.

— « Qu'importe qu'ils soient tous contre moi, si c'est moi qui me défends! » dit Garcès, le soldat fanfaron d'une comédie de Calderon.

— « Vrai Dieu! ceci est magnifique, dit le bravache d'un célèbre sonnet de Cervantes, et qui dirait le contraire en a menti. — Et tout aussitôt, ajoute Cervantès, sans plus attendre, il enfonce son chapeau, cherche la garde de son épée, regarde de travers, s'en va... et il n'y eut rien. »

La verve comique et originale de Quevedo s'est complue à ce sujet toujours neuf et toujours fertile; il a semé de spadassins, d'alguazils et de maîtres d'escrime toutes ses œuvres facétieuses. Nos lecteurs en rencontreront sous toutes les formes dans l'histoire de don Pablo. Au milieu de la réunion de portraits bizarres et de piquantes ébauches dont notre auteur a composé ce livre, le portrait du spadassin est le plus piquant et le plus original.

CHAPITRE IX.

1. Page 88.—Tout cela fait, de bon compte, quatre millions quatre cent mille vers. Lope de Vega, dont Quevedo plaisante ici l'abondante facilité, ne fit, à part un nombre infini d'écrits de toute espèce, en prose et en vers, que dix-huit cents pièces de théâtre. C'est encore loin de la fécondité du sacristain de Majalahonda.

2. Page 88. — On appelait comédies divines, actes sacramentels, les pièces de théâtre dont le sujet était pris dans l'Ancien Testament et dans l'histoire sainte, et qui se jouaient à la Fête-Dieu et à Noël. Lope de Vega en a fait un bon nombre en outre de ses dix-huit cents comédies.

CHAPITRE X.

1. Page 95. — Don Gabriel de Lignan, auteur de poésies fort estimées et d'un roman intitulé *el Zeloso*, le Jaloux, publié au commencement du dix-septième siècle.—Don Vicente Espinel, ami de Miguel Cervantès, a laissé une traduction en vers de *l'Art poétique* d'Horace, et un petit roman intitulé *la Vie de l'écuyer Marcos de Obregon*, dont Le Sage a tiré grand parti en composant *Gil Blas*. Espinel avait inventé un modèle de guitare qui reçut son nom, *la espinela*.

En outre de dix-huit cents comédies et de quatre cents actes sacramentels, Lope de Vega a écrit dans tous les genres. Il ne savait pas écrire que déjà il dictait des vers. Homme universel, il essaya de tous les métiers; d'abord secrétaire du duc d'Albe, puis du comte de Lemos, il se fit soldat et combattit sur la grande Armada, sous les ordres du duc de Medina Sidonia. Deux fois marié et deux fois veuf, il embrassa l'état ecclésiastique, reçut les ordres à Tolède et devint supérieur de la congrégation des prêtres à Madrid, puis familier du saint-office. Il n'en continua pas moins à faire des vers et des comédies, et le pape Urbain VIII lui envoya la croix de Malte. Il mourut à soixante-treize ans, riche et considéré.

Don Alonso de Ercilla, page de Charles-Quint et plus tard secrétaire intime de Philippe II, est l'auteur d'un célèbre poëme épique intitulé *el Araucana*. Ce poëme est le récit d'une guerre entreprise par l'ordre de Philippe II contre les sauvages de l'Arauco, contrée voisine du Chili. Ercilla assista à cette guerre comme volontaire, et quittant à chaque instant l'épée pour la plume et la plume pour l'épée, il écrivait le soir les événements de la journée. Lope de Vega a pris dans le poëme d'Ercilla le sujet d'une pièce de théâtre intitulée *l'Arauque dompté*.

On a conservé de Figueroa un recueil de poésies remarquables. Lope de Vega lui a consacré plusieurs strophes dans un poëme biographique intitulé *le Laurier d'Apollon*.

Don Pedro de Padilla, d'origine portugaise et chevalier de l'ordre de Saint-Jacques, fut un des poètes les plus célèbres du seizième siècle. Il a écrit un recueil de poésies, des églogues et une histoire anecdotique de la guerre de Flandre en 1583. Il se fit moine de l'ordre des Carmes de Castille, en 1585, et devint un prédicateur remarquable.

2. Page 95. — Pablo, venu d'Alcala à Madrid par la vallée du Henarès, fit sans doute le tour de la capitale sans y entrer, pour prendre le chemin du port de Guadarrama, par lequel on parvient à Ségovie.

3. Page 98. — *L'huile de la lampe*, c'est-à-dire le produit du tronc consacré à l'entretien de l'autel et des lampes de l'église.

4. Page 101. — *Le précurseur des hautes œuvres*, c'est-à-dire le crieur public qui, ainsi que je l'ai dit dans une note précédente, marchait en avant des criminels qu'on conduisait au supplice, et proclamait à haute voix, à tous les carrefours, l'arrêt prononcé contre eux.

5. Page 101. — Il y a dans le texte : *cinco laudes que llevaban sogas por cuerdas*, cinq luths qui avaient des cordes de pendus pour cordes harmoniques.

CHAPITRE XI.

1. Page 104. — Voir la note 2 du chapitre premier.
2. Page 107. — Voir le dernier paragraphe de la même note, à propos du mot *cardinal*.

CHAPITRE XII.

1. Page 111. — *Conde de Irlos*, sans doute le marquis de Carabas espagnol. Je n'ai pu trouver l'histoire de cette célébrité populaire.

2. Page 111. — *Casa y solar montañès*, manoir et souche montagnarde. On appelle la Montagne une partie de la Vieille-Castille comprise entre les Asturies et la Biscaye et formée par les territoires de Burgos et de Santander. Cette petite contrée renfermait les manoirs patrimoniaux de la plus ancienne noblesse espagnole. Être de *casa y solar montañès* était le plus beau de tous les titres, et les descendants de ces antiques familles font sonner bien haut leur origine, encore aujourd'hui. Il est arrivé toutefois ce qui arrive toujours: c'est qu'à l'époque où vivait Quevedo, il n'y avait pas un mince *hidalgo* qui ne se prétendît issu d'un *solar* de la Montagne ; de telle sorte que, quelque petits que

fussent les domaines patrimoniaux, il eût fallu vingt fois les territoires de Burgos et de Santander pour les contenir tous. Il résulterait de toutes ces prétentions que la poignée de ces braves à l'aide desquels Pélage commença l'affranchissement de l'Espagne, et qui furent les premiers fondateurs des manoirs de la Montagne, devait former une armée nombreuse.

L'*hidalgo montañès* est le type du pauvre gentilhomme n'ayant d'autres biens que son titre de noblesse et une bicoque en ruines ; mais il ne prend pas toujours son parti aussi bravement que celui que nous rencontrons ici. Les auteurs comiques espagnols, ayant à mettre en scène un gentilhomme ridicule et vaniteux, le font venir de la Montagne. Le don Torribio Quadradilles de Calderon (*Gardez-vous de l'eau qui dort*) est le hobereau niais et fat par excellence. Sa généalogie est la chose la plus précieuse du monde, il la porte partout avec lui dans un beau fourreau de velours cramoisi, et tous ses ancêtres y sont peints « comme de petits saints dorés. » Pourquoi sa femme irait-elle à la messe ? Avec sa généalogie elle en a plus qu'il ne faut pour être une vieille chrétienne. Deux cavaliers se battent, on les sépare, et Torribio veut leur faire jurer la paix sur sa généalogie. Pour lui, sa généalogie est tout ; il ne la lit jamais, car, je l'ai déjà dit, il ne connaît pas *l'écriture de main ;* mais où est la nécessité ? une telle généalogie ne dispense-t-elle pas de toute science ?

3. Page 111. — *Hidalgo,* mot formé par contraction de *hijo dalgo* ou mieux *hijo de algo,* fils de quelque chose. Deux mots, *hijo de algo* et *hijo de nada,* formaient les deux grandes divisions de la nation espagnole. On était fils de quelque chose ou fils de rien, gentilhomme ou roturier, noble ou vilain ; il n'y avait pas de terme moyen, pas de *tiers état ;* il restait toutefois au fils de rien la ressource, fort rare à cette époque, de devenir fils de ses œuvres.

4. Page 111. — La lettre d'or, c'est-à-dire l'initiale, augmentait de beaucoup la valeur et l'importance d'une

généalogie ; ne l'avait pas qui voulait, et il fallait faire valoir d'immenses services et une origine bien illustre pour obtenir le droit d'orner un titre de noblesse d'une initiale dorée.

Le gargotier auquel s'adressa le pauvre hidalgo trouvait, à bon droit, qu'en échange de quelques vivres mieux valait un peu d'or que beaucoup de parchemins.

5. Page 111. — Le *don*, diminutif de *dominus*, seigneur, n'appartient qu'à la noblesse; mais par la même raison que le plus petit hobereau voulait être issu d'un *solar* de la Montagne, par la même raison que la mère de Pablo prétendait descendre des triumvirs romains, les gens du peuple, entre eux surtout, s'honorent du *don* et s'appellent *seigneur cavalier*. Tous, et surtout les Biscayens, les Navarrais et les Castillans, se disent nobles comme le roi, et malheur à qui en doute.

CHAPITRE XIII.

1. Page 113. — *Qui s'attend à l'écuelle d'autrui dîne souvent par cœur*, dit un proverbe français. *Si quieres ser bien servido*, dit un autre proverbe espagnol, *servite tu mismo; á lo que puedes solo, no esperes á otro*. La société, selon Chamfort, se compose de deux grandes classes d'individus : ceux qui ont plus de dîners que d'appétit, c'est le plus petit nombre; et ceux qui ont plus d'appétit que de dîners, c'est le plus grand.

2. Page 115. — Jamais mendiant ne mourut de faim en Espagne; on faisait chaque jour à tous les couvents de copieuses distributions de soupe dont chaque passant affamé pouvait prendre sa part sans un certificat d'indigence. Les mendiants de profession, enrichis par les aumônes qu'ils demandaient au nom de Dieu et qu'aucune âme dévote ne pouvait refuser, laissaient volontiers leur part de soupe à de plus misérables, et l'on voyait à la porte des couvents, à l'heure des distributions, plus d'étudiants ruinés, de filous maladroits et

de chevaliers peu industrieux, que de véritables pauvres.

3. Page 115. — Textuellement *réal de barato*. On appelait *barato*, en style de maison de jeu, ce que chaque joueur donnait sur son gain au spectateur placé près de lui, en récompense de quelques petits soins, de quelques conseils et surtout de ses félicitations.

4. Page 118. — *Blanc* était le nom de deux très-petites monnaies espagnoles valant, l'une un demi-maravédis, c'est-à-dire la soixante-sixième partie du réal de veillon, un peu moins d'un denier de France; l'autre la douzième partie du réal, ou 5 deniers.

L'ancienne monnaie française portant le même nom avait la même valeur que cette dernière.

CHAPITRE XIV.

1. Page 119. — Jargon de bohême, *germania*; c'est le nom de ce langage sans origine, sans feu ni lieu ni famille, qui prend dans tous les pays le même rang honteux, et qui hante en Espagne, en France et ailleurs, les tripots, les francs tapis et les lieux de bas étage : l'argot.

2. Page 122. — On appelait poires à poudre des manches fort larges à l'épaule et se terminant en pointe au poignet.

3. Page 123. — Les Espagnols traduisent *se moucher* par *sonar se*, expression d'une naïveté tout à fait primitive, et dont je n'ai pas besoin de faire comprendre l'onomatopée.

Sonar signifie sonner, résonner, faire du bruit, éclater; *sonar se*, se sonner, se tirer du son.

CHAPITRE XV.

1. Page 124. — Bosco, le Callot espagnol.

2. Page 130. — L'*Antigua* est l'église métropolitaine de Valladolid. On n'ignore pas qu'il y avait dans les églises d'immenses caveaux communs où étaient déposés, comme dans les fosses communes des cimetières, les cercueils des morts appartenant à la classe moyenne.

CHAPITRE XVI.

1. Page 134. — On peut comparer l'université de Siguenza à quelqu'un de ces pensionnats de nos jours qui portent sur un écriteau doré le titre pompeux d'*institution,* et qui comptent, dans les grandes occasions, cinq élèves pensionnaires et trois externes. Les écrivains du siècle où vivait Quevedo avaient un grand faible pour les plaisanteries de ce genre, et leur verve railleuse s'est maintes fois exercée sur le compte des universités *mineures* d'Espagne. Le bon curé Pero Perez, voisin et ami de don Quichotte, desservant de l'humble paroisse d'Argamasilla, dans la Manche, portait le titre de licencié de l'université de Siguenza ; le docteur Pedro Recio de Tirteafuera, médecin *insulaire et gouvernemental,* attaché à la personne de Sancho Panza, avait reçu ses degrés à l'université d'Osuna ; Lope de Vega lui-même publia quelques poésies burlesques, entre autres la célèbre *Gatomaquia,* sous le pseudonyme de Tome de Burguillos, docteur gradué à Oñate.

2. Page 135. — La science des *ensalmos* ou oraisons était une science importante dans laquelle prenaient des degrés toutes les duègnes, tous les mendiants, et dont les aveugles étaient les plus célèbres adeptes. Il y en avait pour tous les maux, pour toutes les affections, et leur succès était infaillible si elles étaient récitées avec componction, d'une voix grave et posée. L'oraison à sainte Apolline était, entre toutes, d'une puissante efficacité, et dissipait à l'instant la rage de dents la plus opiniâtre ; le savant bachelier Samson Carrasco la conseilla à la gouvernante de don Quichotte ; et Célestine, portant

un message d'amour, s'introduisit chez une jeune fille sous prétexte d'en demander copie. L'aveugle qui fit l'éducation de Lazarille de Tormes était un recueil vivant d'*ensalmos* : il en savait *cent et tant*; enfin, Pedro de Urdemalas, le héros d'une comédie de Cervantes, disait en passant en revue les plus célèbres :

Se la del anima sola,	Je sais l'oraison de l'âme seule,
Se la de san Pancracio,	L'oraison de saint Pancrace,
La de san Quirce y Acacio;	De saint Quirce et de saint Acace;
Se la de los sabanones,	Celle qui guérit l'engelure,
La de curar tericia	Celle qui guérit la jaunisse
Y resolver lamparones.	Et qui chasse les écrouelles.

Le savant P. Feijoo s'est donné la peine de prouver, dans son *Teatro critico universal*, que les *ensalmos*, les oraisons, les paroles, n'étaient d'aucune efficacité, et que les empiriques ou *saludadores*, qui en faisaient usage, ne méritaient aucune confiance.

3. Page 136. — Voici la quatrième fois au moins que Quevedo répète cette plaisanterie ; ce n'est pas la dernière. Je respecte cette petite incorrection : elle pourra servir de note à consulter sur les préférences de notre auteur.

4. Page 137. — L'ermite retiré dans les montagnes d'Alcala est une plaisanterie dont je n'ai pu trouver l'explication. Il n'y a point de montagnes autour d'Alcala, et partant point d'ermites.

CHAPITRE XVII

1. Page 140. — *Anguillade*. Voir la note 3 du chapitre V.

2. Page 143. — Le réal de huit, *real de a ocho*, vaut huit réaux d'argent, 2 fr. 10 c.

3. Page 144. — *Aposentador*, fourrier, maréchal-des-logis, titre d'un employé de palais, de couvent ou d'hôpital, chargé d'assigner les logements.

4. Page 145. — *Aspa de san Andres* : croix d'étoffe rouge, ayant la forme de la croix de Saint-André, dont l'Inquisition décorait le costume de cérémonie des victimes de ses *autos de fé*. Ce costume se composait du *coroza*, ou mitre, dont j'ai déjà parlé, et du *san benito*, ample robe en toile peinte, couverte de figures hideuses, de flammes et de démons.

5. Page 145. — N'ai-je pas dit que tout le monde se mêlait d'avoir des titres avec lettres d'or? Voici Pablo issu, de sa propre autorité, *de casa y solar montañes* (*Voir* la note 2 du chapitre XII).

CHAPITRE XVIII.

1. Page 147. — Lorsqu'on était superstitieux en France, on avait grand soin, si quelqu'un éternuait, de lui dire tout aussitôt : « Dieu vous bénisse. » Faute de ce souhait, le diable, qui en ce temps-là rôdait toujours autour des pauvres chrétiens, s'emparait incontinent de l'éternueur. Plus tard, les esprits devenant plus forts, la politesse remplaça la superstition, et on se contenta de saluer. Aujourd'hui, superstition et politesse, on est au-dessus de tous ces préjugés ; on entend si souvent éternuer qu'on ne s'en inquiète plus, on ne dit plus : « Dieu vous bénisse. »

En Espagne, on en est resté aux préjugés ; celui qui nous occupe est de vieille date, et n'en est pas moins très-répandu encore aujourd'hui. Les vieilles femmes de la Manche disent que, lorsque le diable transporta Jésus-Christ sur la montagne, le fils de Dieu bâilla. Le diable fit un mouvement pour s'introduire par l'ouverture, et c'en était fini du Sauveur, s'il n'eût fait précipitamment, en travers de sa bouche, un signe de croix, et ce signe de croix mit en fuite le tentateur.

Je compte, parmi les Espagnols qui veulent bien m'honorer de leur amitié, des hommes d'esprit et de science, fort au-dessus des petits préjugés et des croyances populaires ; cependant don Eugenio, don Patricio, don Genaro Perez, se font des croix sur la bouche quand ils bâillent.

Santiago de M. est un joyeux vivant, de qui ses amis disent qu'il a le diable au corps. Il bâillait un jour devant moi et il se signait.

« Pourquoi faites-vous cela? lui dis-je.

— *Hombre!* me répondit-il, *basta uno* : j'en ai bien assez d'un. »

2. Page 149. — Il fallait, en effet, que ce pain fût bien dur ; mais le médisant, d'ordinaire, ne s'arrête pas pour si peu. Si, comme le serpent de La Fontaine, il rencontre une lime, il n'est point assez sot pour y user ses dents ; un peu d'eau suffit.

Si le pain du Catalan est trop dur, le médisant se gardera d'y mordre, et le Catalan est bien niais si, plutôt que de se rompre les dents, il n'emploie pas le petit moyen du serpent contre la lime.

CHAPITRE XIX.

1. Page 152. — Greffier se dit en espagnol *escriban* et *escribano* ; scribe se traduit par *escriba* ; de là, un jeu de mots que je n'ai pu rendre complétement.

Le mot *scribe* se disait primitivement, chez les Juifs et chez les Romains, des docteurs chargés de l'interprétation de la loi. Plus tard, il est devenu le synonyme d'écrivain, de greffier, de secrétaire, de praticien. Il s'applique aujourd'hui à tout ce qui tient la plume et surtout à ce qui la tient mal.

2. Page 157. — Les trois pages qu'on vient de lire ne font point partie de l'original ; mais elles appartiennent à Quevedo. Elles sont traduites d'une lettre adressée à doña Antonia de Silva y Mendoza, duchesse de Lerma, sous le titre de *Carta de las calidades de un matrimonio*. On retrouve dans cette lettre, comme dans presque tous les écrits de Quevedo, cette verve plaisante et originale qui le déborde de toutes parts, même lorsqu'il veut être sérieux, même lorsqu'il affecte des pensées philosophiques, même lorsque la haute position de la personne à laquelle il s'adresse exige le respect et

impose une extrême réserve. Quevedo aspirait, comme Lope de Vega, à traiter tous les genres ; historien, moraliste, théologien, poète, il resta plaisant et satirique avant tout ; et, dans ses œuvres les plus graves, on devine toujours l'habit bariolé de l'homme d'esprit sous le manteau noir du sage.

En traduisant le chapitre du *Tacaño* auquel se rapporte cette note, je n'ai pu résister au désir d'y placer la lettre à la duchesse de Lerma ; elle est tout à fait dans le caractère du livre et dans celui du héros.

3. Page 160. — *La Casa del campo*, maison des champs, est un joli palais dépendant des biens de la couronne d'Espagne et situé à une lieue environ de Madrid. Il est entouré de magnifiques jardins, de bosquets, de cabinets de verdure ouverts aux habitants de la capitale, qui en font le but de leurs parties de plaisir. En avant du palais est une belle statue de Philippe III, en bronze, qui fut envoyée de Florence, et pour laquelle Quevedo fit un sonnet célèbre entre ses plus célèbres poésies.

CHAPITRE XX.

1. Page 161. — Les Espagnols parlent toujours à la troisième personne. *Vous* se traduit par *usted* au singulier, et *ustedes* au pluriel, contractions de *vuestra merced*, *vuestras mercedes*, votre grâce, vos grâces. *Usted* s'emploie dans toutes les formes du langage, il est devenu une espèce d'idiotisme, une formule à laquelle on ne donne plus sa valeur réelle ; un grand seigneur le dira à son bottier, et deux portefaix se diront : *usted*, votre grâce.

Le *vos*, deuxième personne du pluriel, ne s'emploie aujourd'hui que dans deux positions extrêmes et fort opposées ; on le dit comme signe de profond respect en parlant à de hauts personnages, ou comme signe de supériorité en s'adressant à des personnes fort au-dessous de nous. Entre égaux, c'est un terme de mépris. L'usage ne permet plus de l'employer comme expression familière, ainsi que du temps de Pablo.

CHAPITRE XXI.

1. Page 174. — *De la coupe à la bouche mille malheurs peuvent arriver : vin versé n'est pas avalé.* Ces proverbes, venus du grec, tirent leur origine de la fable d'Ancée, fils de Neptune et d'Astypalée. Il faisait planter des vignes, et l'un de ses esclaves qu'il maltraitait lui dit avec humeur qu'il n'en boirait jamais le vin. Lorsque ces vignes eurent produit, Ancée les fit vendanger et se fit apporter par ce même esclave la première coupe de vin nouveau qui sortit de la cuve. En l'approchant de ses lèvres, il se rappela la prédiction qui lui avait été faite : « Eh bien, lui dit-il, penses-tu maintenant que je ne boirai pas de ce vin ? — Seigneur, répondit l'esclave, *de la coupe à la bouche mille malheurs peuvent arriver.* » L'événement justifia de suite ces paroles ; au moment où Ancée allait avaler la liqueur nouvelle, on vint l'avertir qu'un énorme sanglier ravageait ses domaines : il pose aussitôt sa coupe, s'arme et court au-devant de la bête, qui l'éventre et le tue.

La morale est qu'il ne faut pas perdre son temps en paroles inutiles. Ancée devait boire d'abord et parler ensuite ; il y eût gagné le double avantage de goûter son vin et de donner un démenti à son esclave.

2. Page 174. — Voir la *Célestine*, le type classique de ces vieilles femmes à allures douteuses, des duègnes complaisantes, des messagères d'amour, des séductrices et des proxénètes, des maquerelles en un mot. Elle a fait tous les plus vilains métiers, y compris la magie blanche et la sorcellerie. Célestine est l'héroïne populaire de l'un des livres les plus remarquables de l'ancienne littérature espagnole (1492). Drame et roman tout à la fois, ce livre est considéré comme le point de départ et le modèle de tout ce que l'Espagne a produit dans l'art dramatique. Le portrait de l'hôtesse de don Pablo est évidemment calqué sur ce type célèbre et sur le récit original et hardi que fait le page Parmeno à son maître Calixte au premier acte de la tragi-comédie de *la Célestine*.

3. Page 175. — *Maquerelle*. Mercure était le favori de Jupiter; pour le compte des dieux, il portait des billets doux, des dépêches à domicile, et transmettait des messages de vive voix. Lorsque sur terre quelques humains essayèrent du métier fort lucratif du messager galant de l'Olympe, ils se placèrent sous son invocation et prirent son nom pour titre générique de leur corporation; par respect toutefois, ils y mirent un diminutif, et de Mercure firent *mercureau*. Peu à peu, par corruption, car tout se corrompt ici-bas, *mercureau* devint *maquereau*, dont le féminin indique la profession de l'hôtesse de Pablo.

Cette étymologie est donnée par l'annotateur de Rabelais (édition d'Amsterdam, 1711). Voici maintenant celle qui a été recueillie par Delamare (Traité de la police, 1705):

« Il y a des auteurs qui croient que ce mot vient de l'hébreu *machar*, qui signifie vendre, parce que c'est le métier de ces malheureux de séduire et de vendre des filles [1]. » D'autres le dérivent d'*aquarius* ou d'*aquariolus*, parce que chez les Romains les porteurs d'eau se mêlaient ordinairement à ces intrigues de débauche, et en étaient les messagers suspects par l'entrée qu'ils avaient tous les jours dans les maisons et dans les bains publics [2]. Ainsi, ceux qui sont pour cette étymologie prétendent que d'*aquariolus*, en y ajoutant un *m*, nous avons fait *maquariolus*, et que de là s'est formé le nom de *maquereau* [3]. Il y en a enfin qui le tirent du latin *macalarellus*, parce que, dans les anciennes comédies, les proxénètes d'intrigues d'amour étaient toujours vêtus d'habits de diverses couleurs. Ils ajoutent, pour confirmer cette opinion, que ce nom n'a été donné à

---

[1]. Claude Mitalier, dans sa lettre à Jérome de Chatillon imprimée à la fin des *Hypothèses* de Henri Estienne.

[2]. Turneb. lib. 14, *de advers.* c. 12. — Trippault, dans *Celt-Hellenis*. — Savaron sur l'ép. 6 du l. 6 de Sidon. Apollin. — Festus, Plaut., Juven., Lamp. *in commodo*. Casaubon, sur l'hist. d'Augus., p. 92.

[3]. Ménage, *Etymologie de la langue française*.

l'un de nos poissons de mer que parce qu'il est bigarré de couleurs différentes sur le dos [1].

4. Page 175. — Allusion au châtiment réservé à la vieille et à celles de son métier ; voir nos premières notes sur le *coroza*, la mitre et l'emplumage.

CHAPITRE XXII.

1. Page 180. — *Autor*, ce mot ne vient pas du latin *auctor*, mais de l'espagnol *auto*, acte, représentation ; il signifie seulement directeur d'une troupe ambulante. On désignait par le terme générique de *poëtes* ceux qui composaient les actes sacramentels, les comédies divines ou les farces populaires exécutées par les comédiens. Ceux-ci étaient nommés *representantes* ou *farsantes*. Les directeurs (*autores*) composaient assez ordinairement les pièces de leurs répertoires. C'est ainsi que le célèbre Lope de Rueda, qui créa le théâtre populaire espagnol, et qui le premier introduisit sur la scène des sujets profanes et des tableaux de mœurs, fut d'abord *representante*, puis *autor* et enfin *poëte*.

2. Page 181. — Ce mot a été bien souvent cité, employé ou commenté par nos écrivains modernes sans qu'ils en connussent la véritable origine. On l'a attribué à Alfred de Musset, qui l'a mis à la fin de quelques-unes de ses poésies ; à M. Mérimée, l'ingénieux inventeur du théâtre de Clara Gazul ; à un feuilletonniste qui terminait toutes ses nouvelles *moyen-âge* par le *pardonnez les fautes*.

C'était la formule invariable adoptée par les *poëtes* espagnols aux seizième et dix-septième siècles ; Calderon, entre tous, n'a pas fait représenter une pièce sans qu'un des interlocuteurs, venant annoncer au public qu'elle était finie, ne lui demandât pardon des fautes de l'auteur. En même temps que cette formule, l'usage s'était introduit de faire répéter le titre parmi les der-

---

[1] Tert., *de Pall. et de Spectac.*

nières répliques de la pièce, ce qui se faisait même quelquefois à la fin de chaque journée ou acte.

Voyez pour exemple la jolie comédie de Calderon : *Il ne faut pas toujours caver au pire*. Dernière scène : « Quoi qu'en dise l'expérience, il ne faut pas toujours caver au pire ; pardonnez nos fautes nombreuses. » L'*Alcade de Zalamea* : « Ici finit cette comédie ; pardonnez les fautes de l'auteur. »

3. Page 181. — Il y a ici, dans les textes qui m'ont servi (éditions d'Anvers, 1757, in-12, et de Madrid, 1821, in-18), deux erreurs que j'ai dû rectifier. « Il n'y avait dans le principe, dit Pablo, d'autres comédies que celles du bon *Lope de Vega* et de *Ramon*. » A l'époque où vivait notre héros, Lope de Vega n'avait encore composé qu'une partie de ses pièces ; sa réputation était grande déjà, mais pas assez pour qu'il fût cité comme l'un des premiers auteurs de comédies populaires. L'intention de Quevedo a été, sans nul doute, de citer Lope de Rueda, le père du théâtre espagnol, qu'on appelait en effet le bon Lope, et qui mourut au moment où naissait Lope de Vega (1557).

Ramon m'est complétement inconnu ; j'ai vainement consulté les biographies du temps pour en retrouver la trace. Il est, sans aucun doute, question de Torres Naharro, contemporain de Rueda, et qui lui disputa une partie de sa popularité. Naharro a laissé huit comédies remarquables, parmi lesquelles on cite la *Ymenea* et la *Soldadesca*.

4. Page 182. — *Alonsete*, diminutif familier et affectueux d'Alonso.

5. Page 183. — Pinedo, Sanchez et Moralès étaient des acteurs célèbres de ce temps-là. On a dit et on dit le divin Moralès.

6. Page 183. — Voir la note du chapitre IX, n° 3 sur les comédies divines.

7. Page 186. — Il semble que Quévedo, en approchant de la fin de son livre, ait voulu faire, non plus un récit, mais un recueil de portraits. Nous retrouvons

ainsi à la file, rattachés entre eux par une action qui marche à petits pas, *les types* du chevalier d'industrie, du mendiant, de l'escroc, du comédien, de la nonne, du sacripant, du poëte dramatique, etc. C'était par là surtout qu'excellait Quévedo : il peignait et décrivait à ravir ; et, lassé de raconter toujours, il s'est livré souvent à son genre favori. Ces portraits sont autant de curieux tableaux des mœurs et des usages du temps ; ils sont traités avec cette verve, cette finesse, cette originalité sans pareille, qui font de Quévedo un écrivain inimitable. Il est fâcheux seulement que le passage de l'un à l'autre soit traité aussi légèrement : ici, l'action languit ; ailleurs, elle va trop vite ; et, dans ce chapitre surtout, à peine Pablo a-t-il quitté ses comédiens, qu'il est en correspondance suivie avec une nonne, sans que l'auteur ait daigné nous apprendre l'origine et les premiers pas de cette belle intrigue. En osant ici critiquer la manière de l'auteur et lui reprocher peut-être un peu d'abandon, je ne me crois pas le droit de le corriger et de mettre à la place de ce qui est ce qui me semblerait devoir être. L'imagination du lecteur peut suppléer à ce qui manque.

8. Page 187. — Certain proverbe prouve que les intrigues du genre de celle de Pablo sont fort communes en Espagne, et que l'opinion de la jeunesse galante est formée depuis longtemps à l'endroit de la constance des nonnains. Je transcris le proverbe dans toute sa naïveté ; mais le respect que j'ai pour la décence me fait un devoir de ne pas le traduire en entier.

Amor de monja, y fuego de estopa y viento de c..., todo es uno.

Amour de nonne, feu d'étoupe et vent de..... c'est out un.

CHAPITRE XXIII.

1. Page 192. — Textuellement, *trataba en vidas y era tendero de cuchilladas.* Matorral était un de ces assassins brevetés et patentés, dont le bras était à la disposition du premier venu et l'instrument occulte de

toutes les haines et de toutes les vengeances. Ce portrait complète une note précédente (4, chap. VIII) sur la passion de Quevedo pour les spadassins. Matorral est le modèle de la forfanterie et de l'impudence; il est le digne pendant du Centurion de *la Célestine*.

2. Page 192. — Il n'y a pas, dit un vieux *refrain* espagnol, de meilleur chirurgien que celui qui est bien balafré: *No hay mejor cirujano que el bien acuchillado.*

3. Page 192. — *Demi-mesure, media azumbre,* la vaeur d'un litre.

4. Page 192. — « Je vous le donne en dix, a dit madame de Sévigné, je vous le donne en cent, je vous le donne en mille. — Vous ne devinez pas?... Jetez-vous votre langue aux chiens ? » Des souliers de goutteux pour visage ou mieux un visage en forme de soulier de goutteux, c'est un visage *acuchillado*, c'est-à-dire criblé dans tous les sens de coups de couteau, découpé, balafré, déchiqueté, haché. Un semblable visage pour un spadassin est l'applicatior complète du proverbe que je citais tout à l'heure : *No hay mejor cirujano que el bien acuchillado.*

5. Page 192. — « Seïteur, seur compère, » traduction très-littérale de *Seïdor, sô compadre,* abréviation de : *Servidor, señor compadre,* ce qui signifie en bon français : Serviteur, seigneur compère. On ne me reprochera pas de n'être pas complétement littéral.

6. Page 193. — Nous avons vu dans un des premiers chapitres une expression semblable, *manger avec soif* : c'est-à-dire manger salé et de manière à exciter la soif; le texte dit ici: *carne y pescado con apetitos de sed*, viande et poison avec des appétits de soif, c'est-à-dire épicés et salés à outrance.

7. Page 193. — *Asistente*. On nomme ainsi le principal magistrat de Séville; sa charge répond à celle de *corregidor*.

8. Page 194. — Domingo Tiznado, Gayon, Esca-

milla, Alvarez, bandits célèbres dans l'histoire de Séville.

9. Page 195. — C'est ainsi que Quevedo laisse inachevée l'histoire du *Gran Tacaño*, sans même demander le « pardon de ses fautes. »

Il m'a été nécessaire d'ajouter ici quelques lignes, afin de compléter l'épisode que j'ai introduit à la fin du prologue, et de rattacher, par là, le roman au cadre que je lui ai donné. Le début de l'épilogue m'appartient, comme la fin du prologue, et on les a imprimés en caractères distincts pour éviter toute méprise. La conclusion de l'épilogue est la traduction littérale des dernières pages de *La Fortuna con seso*.

FIN DES NOTES.

TABLE DES MATIÈRES.

	Pages.
Préface..	5
Lettre de Charles Nodier au traducteur.............	17
Prologue..	21
Chapitre Ier. Dans lequel Pablo raconte ce qu'il est et d'où il vient..................................	31
II. Comment Pablo va à l'école et ce qui lui arrive..	35
III. Comment Pablo entre dans un pensionnat en qualité de domestique de don Diégo Coronel....................	41
IV. De la convalescence de Pablo et de Diégo. Leur départ pour aller étudier à Alcala de Henarès.........	50
V. Pablo fait son entrée à l'université d'Alcala. Des tribulations qu'il subit comme nouveau............	58
VI. D'une gouvernante qui fut méchante et des malices que Pablo lui fit.........	66
VII. Don Diégo retourne à Ségovie; Pablo apprend la mort de ses parents et se fait une règle de conduite pour l'avenir....	76
VIII. Pablo se rend d'Alcala à Ségovie. Ce qu'il lui arrive vers Réjas où il passe la nuit.	80
IX. Pablo rencontre un poëte aux approches de Madrid......................	87
X. Pablo va de Madrid à Cerecedilla, où il couche, et de Cerecedilla à Ségovie, où il rencontre son oncle.............	91
XI. Pablo est parfaitement reçu par son oncle, qui le présente à ses amis. Il recueille son héritage et reprend le chemin de la	

		Pages.
	capitale..................................	102
XII.	Fuite de Ségovie. Une belle rencontre et une belle connaissance	108
XIII.	Pablo et le gentilhomme continuent leur chemin. L'histoire et les mœurs d'une bande d'hidalgos aventuriers..........	113
XIV.	Ce qui advient à Pablo le jour de son arrivée à Madrid......................	119
XV.	Qui fait suite au précédent, avec d'autres événements curieux	123
XVI.	Dans lequel Pablo continue le même récit jusqu'à la mise en prison de toute la bande..............................	133
XVII.	Description de la prison. De quelle manière ils en sortent, la vieille fouettée, les aventuriers emprisonnés et Pablo acquitté.......................	138
XVIII.	Pablo s'installe dans une hôtellerie; il lui arrive de nouvelles disgrâces..........	146
XIX.	On raconte d'autres aventures de Pablo..	152
XX.	Continuation des aventures de Pablo; nouveaux succès et notables disgrâces..	161
XXI.	Pablo se guérit et court d'autres aventures................................	172
XXII.	Don Pablo se fait comédien, poëte, galant de nonnes. Des avantages de chaque profession.........................	179
XXIII.	Pablo est à Séville et va s'embarquer pour les Indes.......................	190
Épilogue...................................		197
Notes......................................		203

FIN DE LA TABLE.